회의는
줌으로 하겠습니다

ZOOM

회의는 줌으로 하겠습니다

판을 뒤집는 참신한 반대자 'Z세대 Zoomer'와
회사의 새판을 설계하는 '관리자'가 만나다!

최경춘 지음

ZENERATION
ZEITGEIST
ZOOMER

포스트락
POST樂

누구나
최초의 인간

오랜 세월의 어둠을 뚫고 걸어가는 그 망각의 땅에서는

저마다가 다 최초의 인간이었다.

– 알베르 카뮈,『최초의 인간』–

누구나 인생을 처음으로 경험하고 처음으로 살아본다. '전생에 한 번쯤 살아봤다면 지금보다 좀 더 잘(?) 살 수 있었을 텐데.'라고 생각하지만, 우리에게 그런 일은 일어나지 않는다. 그래서 우리는 대개 서투르다. 서투르다 못해 실수투성이고 똑같은 실수를 여러 번 반복하면서 살아간다. 요즘처럼 변화가 빠른 세상에서는 더욱 그렇다.

경제가 빠르게 성장하던 운 좋은 시기를 살았던 베이비부머들에게도 시련은 있었다. 도대체 어떻게 사는 것이 좋은 삶인지 미처 깨닫기도 전에 그들은 단지 먹고살기 위해 고군분투해야 했다. 기성세대가 만들어 놓은 가치관에 잠시 저항하는 듯했으나, 대개는 살아남기 위해 기성세대의 가치관을 빠르게 흉내 내며 꼰대가 되었다. 일부는 자신들이 옳다고 믿었던 가치관과 부합하는 방식으로 살아갔지만, 세상이 급속하게 변함에 따라 자신들의 가치관이 낡았다는 사실조차 모른 채 꼰대가 되어 갔다.

베이비부머의 후배 세대들이었던 X세대도 별반 다르지 않다. 그들은 개인주의에 눈을 뜨고 자기다운 삶을 찾기 위해 노력했으나 그들 역시 직장 생활을 시작하고 매달 들어오는 월급에 익숙해지면서 베이비부머의 삶을 답습했다.

밀레니얼세대(M세대)는 어떻게 되었을까? 그들은 베이비부머나 X세대와는 다른 환경에서 자랐다. 어려서부터 컴퓨터를 사용했고 성인에 가까워지면서 모바일을 통해 세상과 소통했다. 그들은 부모 세대와 소통이 되지 않는다고 느꼈으며 한 직장에서 평생을 바치는 일을 거부했다. 그뿐만 아니라 40세가 되기 이전에 적정 수준 이상의 부를 쌓은 후에 자기가 원하는 삶을 사는 것을 목표(이를 일러 FIRE족, Financial Independence, Retire Early라고 부른다)로 삼았다. 결혼은 하거나 말거나 나중에 생각해도 늦지 않다고 믿었다. 이들 M세대조차 현재는 Z세대들에게 젊은 꼰대 소리를 듣고 있다.

그동안 MZ세대라고 통칭하였던 이들을 분리해서 봐야 한다는 주장들이 속속 등장하고 있다. 요즘처럼 변화가 빠른 세상에 1980년부터 2010년까지 약 30년의 세월을 하나의 세대로 묶어서 MZ세대라고 부르는 것이 못마땅하다는 주장부터 나왔다. M세대와 Z세대의 특성이 확연히 다르다는 주장이 나오면서부터 부쩍 Z세대에 관심이 집중되고 있다.

정확한 개념이 합의된 것은 아니지만, 대개 1996년부터 2010년 사이에 태어난 세대를 Z세대라고 부른다. 나이로 환산하면 올해 27세인 1996년생부터 올해 13

세인 중학생에 이르는 약 14년 동안에 태어난 세대를 일컫는다. 필자는 이들을 Zoomer라고 부른다. 단순히 Z세대라고 하면 Y세대 다음의 세대라는 뜻 말고는 없지만, 그들을 Zoomer라고 하면 코로나 팬데믹 이후에 Zoom을 통해 공부하고 Zoom을 통해 사람들과 소통해 왔던 그들의 생활방식이 고스란히 느껴지기 때문이다. 또한, Zoom이 일상화되면서 그들이 주도 세력으로 부상했다는 의미도 추가된다.

과연 Zoomer들은 베이비부머와 다르고 X세대와도 다르고 심지어 최근까지 스포트라이트를 받았던 M세대와도 다를까? 다르다면 어떻게 다르며, 그들과 더불어 살아가야 하는 부모 세대, 선배 세대들은 어떤 생각과 태도를 학습해야 할까? 독자들은 그것이 알고 싶다. 필자는 MZ세대에 관한 강연을 수없이 진행하며 수많은 가정과 직장에서 이에 대한 답을 기다리고 있다는 사실을 알고 있다.

　필자가 모든 답을 가지고 있을 리 없다. 다만 필자와 독자가 함께 답을 찾아가는 여정이라고 생각해도 된다면 작은 도움이라도 드릴 수 있겠다는 생각에 본서를 써야겠다고 마음먹었다. 너무 어렵게 생각만 하지 않는다면 이렇게 시작해보면 어떨까 싶다. 우선 세대와 관계없이 누구나 자기 앞의 생을 살아가는 '최초의 인간'이라는 사실을 수용하자, 그 바탕 위에서 과거에는 과거에 맞는 방식이 있었듯이 Zoomer들에게도 Zoomer들에게 맞는 신박한 방법이 있을 것이라고 가정해 보자. 그 신박함을 찾아서 여정을 시작해 보면 좋을 것 같다.

Contents

3 Zoomer를 성장시키는 관리자의 코칭 스킬

4 리더로 성장해가는 Zoomer의 셀프 코칭

머지않아 너는 모든 것을 잊게 될 것이고,

머지않아 모두가 너를 잊게 될 것이다.

- 마르쿠스 아우렐리우스 -

1

Zoomer가
오고 있다

김대명은 1983년생으로 올해 40세가 된 M세대 차장이다. 제조업을 본업으로 하는 기업에 입사하고 직장을 두어 번 옮겨 본 경험을 가진 13년 차 직장인이다. 입사 당시 그는 베이비부머였던 부장과 X세대였던 과장을 상사로 모시고 있었다. 입사 초기에 그에게 직장 생활이란 다른 친구들처럼 임시방편에 지나지 않았다. 언젠가 자기 일을 해야 하지만 당장은 자본도 없고 경험도 없어서 이번 직장은 거쳐 가야 할 하나의 정거장이었다. 그리하여 입사 초기 그의 생활은 아래와 같았다.

　아침에 출근해서 오늘 해야 할 업무를 업무 노트에 적으면서 시작한다. 뒤이어 업무 진척도를 점검하는 부서 회의에 참석하여 자신이 하고 있는 업무의 진척 상황을 보고하거나 추가적인 업무 지시를 받아야 했다. 베이비부머 부장은 이번 달에 마무리되어야 할 일이 잘 진행되고 있는지, 이번 주에 완료되어야 할 업무도 예정대로 잘 진행되고 있는지, 만약 그렇지 않다면 어디에 문제가 있는지를 짚었다. 그에 따라 오늘 중으로 끝내야 할 일이 무엇인지도 꼬치꼬치 캐물었다. 김대명의 직속 상사였던 X세대 과장은 물론이고 대부분의 부서원은 부서 회의에 참석하면 항상 긴장 상태에 놓여 있었다. 묻는 말에 대답하는 것 외에는 누구도 자신의 의견을 말하는 사람이 없었고 반대의견을 내서는 안 된다는 것이 불문율처럼 되어 있었다.

이 상황이 답답했던 나머지 김대명은 어느 날 X세대 과장에게 물었다. "과장님, 어제 회의에서 부장님이 지시하셨던 내용이 합리적인 지시라고 생각하세요? 정말 과장님의 솔직한 심정을 듣고 싶어서 그래요." 그러자 이런 대답이 돌아왔다. "자넨 직장이 어떤 덴 줄 정말 몰라서 그런 질문을 하는 거야? 아니면 알고도 괜히 나한테 짜증을 부리는 건가? 여긴 말이야 까라면 까야 하는 곳이지 다른 건 없어."

김대명의 직장 생활은 그렇게 시작되었고 두어 번 직장을 옮겨 봤지만, 별반 차이가 없다는 걸 깨달았다. 언젠가 자기 일을 시작해야겠다는 생각도 환상에 불과했다는 걸 깨닫는 데 그리 오랜 시간이 걸리지 않았다. 자기 일을 시작할 만한 실력도 없었지만, 용기는 더더욱 없었다. 여자 친구와의 사이에 덜컥 아이가 생기는 바람에 30대 중반에 결혼할 수밖에 없었고 그 이후의 삶은 기성세대와 비숫하게 흘러갔다. 직장 생활은 적절히 책잡히지 않을 정도로 하고 주식이나 부동산에 관한 책을 보면서 내 집 장만을 위한 노력에 올인했다.

다행히도 두 번째로 옮긴 회사에서 능력을 인정받아 남들보다 조금 빨리 차장으로 승진했다. 문제는 그다음부터였다. 올해 입사한 26세의 이대로 씨 때문에 온 부서원이 골치를 썩고 있었다. 이대로 씨는 기본적으로 자기 업무 이외의 추가적인 업무는 맡으려고 하지 않았다. 그뿐만 아니라, 자기 업무와 관련이 없다고 생각하면 부서 회의 중에도 자리를 뜨기 일쑤였다. 심지어 부서 회의가 시간 낭비라는 말도 서슴없이 했다. 더 놀라운 사실은 부장의 지시를 받아서 차장, 과장의 검토를 거쳐 직속 선배인 오 대리가 지시하는 업무도 부당하다고 생각하면 거부하는 것이다.

처음에 김대명은 인사부서에서 신입직원을 잘못 뽑았다고 생각했다. 사람 보는 눈이 없어도 그렇게 없나 싶었다. 직장에 들어왔으면 아무리 못해도 업무를 지시

　　　　　　　　　　　　　　　1. Zoomer가 오고 있다

받고 주어진 시간 내에 완수하려는 태도는 가지고 있어야 하지 않나 생각했다. 혼자 일하는 곳이 아니라면 동료의 어려움을 헤아리고 함께 힘을 합쳐 이른 시일 안에 업무를 완수해내야 우리 부서가 인정받는 것 아니냐고 생각했다. 그래야 성과 평가에서 좋은 점수를 받고 승진에도 유리한 게 아니냐고 생각했다. 다른 부서보다 더 많은 성과급을 가져와야 부서원들이 동기부여가 되는 게 아니냐고 생각했다.

그런데 이 모든 생각이 김대명 차장 혼자만의 생각이 아니었단 사실을 깨닫게 되었다. 어느 날 김대명 차장은 부서장들만 모이는 간부회의에서 올해 뽑은 신입직원에 대한 불만이 여기저기서 터져 나온다는 사실을 알고 몹시 놀랐다. 거의 동시에 거의 유사한 내용으로 '요즘 것들'에 대한 성토가 회의장 안을 메아리쳤다.

Chapter 1

MZ세대는 없다,
M세대와 Z세대가 있을 뿐

MZ세대는 없다. 엄밀히 말하자면 'MZ세대'라는 말은 현재 우리나라에서만 쓰이는 용어다. M세대는 밀레니얼의 'M'에서 왔고 그 이전에는 'Y'세대라고도 불리었다. 새천년(Year 2000)에 성인이 되는 세대라는 뜻에서 시작되었다. 반면에 Z세대는 Y세대의 다음 세대라는 의미에서 Z세대로 불리었으나 2020년 코로나 팬데믹 사태가 발발하면서 Z세대가 영위하는 일상이 'Zoom'이라는 화상 앱을 통해 이루어지면서 Zoomer라고도 불리고 있다. 중요한 건 M세대나 Z세대라는 용어 자체가 미국 등 서구에서 만들어진 용어인데 그들을 MZ세대라고 통칭해서 부르지 않는다는 점이다. M세대는 M세대의 정체성을 가지고 있고, Z세대는 Z세대로서의 정체성을 가지고 있다는 뜻이다.

물론 M세대와 Z세대를 나누는 경계는 명확하지 않다. M세대는 통상 1980년대 초반에서 2000년대 초반에 태어난 세대라는 합의가 존재하지만, Z세대는 대략 1990년대 중반에서 2010년대 초반에 태어난 세대라고 알려져 있다. 영미권 인구통계학자들은 1996년부터 Z세대의 출현을 말하고 있지만, 미국에서는 1997년을 Z세대의 기점으로 보고 있다. 더구나 한국의 통계청과 매켄지 코리아가 발표한 세대 구분에 의하면 Z세대는 1995년부터 출생한 세대라고도 한다. (표 1 참조)

	1950년	1960년	1970년	1980년	1990년	2000년
세대 구분	베이비붐 세대		X세대		밀레니얼 세대 (Y세대)	Z세대
출생연도	1950~1964년		1965~1979년		1980~1994년	1995년 이후
인구 비중	28.9%		24.5%		21%	15.9%
미디어 이용	아날로그 중심		디지털 이주민		디지털 유목민	디지털 네이티브
성향	전후 세대, 이념적		물질주의, 경쟁사회		세계화, 경험주의	현실주의, 윤리 중시

〈표 1. 대한민국 세대 구분 (통계청, 매켄지코리아)〉

Z세대의 출생 연도에 대한 합의가 명확하지 않다고 하더라도 두 세대가 다른 세대라는 인식의 공통점은 존재한다. M세대는 디지털 유목민이고 Z세대는 디지털 네이티브(원주민)이다. 두 세대 다 디지털과 더불어 성장했지만, 유목민과 네이티브는 다르다. 유목민은 아날로그에서 이주해온 이주민이지만 네이티브는 태어날 때부터 디지털 세상에서 살아온 원주민들이다.

M세대의 경우, 집 전화선을 연결해 PC통신을 하던 시절부터 스마트폰을 통해 무선통신을 하는 시대를 두루 경험한 세대이지만 Z세대는 최초의 디지털 기기가 스마트폰이었다. 경험의 세계가 다르면 세상을 바라보는 관점과 가치관도 다를 수밖에 없다.

이 차이를 가장 민감하게 인식하고 발 빠르게 대응하는 곳은 역시 기업이다. 신한카드는 2021년에 이미 M세대와 Z세대를 분리해서 봐야 한다고 주장하고 마케팅 전략도 달라야 한다는 발표를 한다. 신한카드 빅데이터 R&D본부의 조사에 의하면, M세대는 실속을 중시하고 Z세대는 편의를 중시한다고 말한다. Z세대는 나이, 영향받는 사람, 소비생활에서 중시하는 포인트, 소비패턴은 물론이고 부모와의 관계 역시 다르게 인식하고 있다고 주장한다(표 2 참조).

M세대		Z세대
1980~2000년 생 (17~37세)	나이	1990년대 중반~ 2000년대 중반생 (13~21세)
유명 연예인	영향 받는 사람	인기 유튜버
가격	소비 시 중시점	디자인과 포장
평소엔 실속 챙기다 때때로 과감히 소비	소비 패턴	쉽게충전해서 가볍게 쓰기
부모를 권위적이라고 생각	부모와의 관계	부모를 친구처럼 생각
공통점 디지털 세대, 재미를 추구하고 사고가 자유로움. 사생활에 대한 간섭을 싫어함		

〈표 2. M·Z세대의 특성(자료: 신한카드)〉

　이뿐만이 아니다. 세대별로 선호하는 앱이 극명하게 다르다는 조사도 발표되고 있다. NHN데이터에 의하면, M세대는 카카오톡을 선호하는 반면에 Z세대는 인스타그램을 더 선호한다는 것이다. 이 차이는 소통하는 주요 수단이 대화 위주에서 사진 파일 위주로 다르다는 점뿐만이 아니다. M세대는 배달의 민족, 쿠팡, 당근마켓과 같이 실속 있는 소비행태를 즐기지만, Z세대는 게임 이용자들 간에 실시간 소통에 필요한 도구인 디스코드

Discord는 물론이고 네이버웹툰, 유튜브뮤직, 넷플릭스와 같이 대부분의 시간을 온라인으로 즐기는 데 익숙하다. 참고로 알파 세대는 2010년 이후에 출생한 세대를 말하는데 아직 그들은 스스로 직업에 종사하거나 수입을 벌어들이는 활동에 종사하기에는 어린 나이이기 때문에 본서의 내용에서는 제외했다.

『GEN Z: 디지털 네이티브의 등장』의 저자들은 스탠퍼드대, 옥스퍼드대, 킹스칼리지 런던에서 Z세대들을 가르치는 인문 사회학자들이다. 그들은 Z세대를 '인터넷 없는 세상을 경험한 적 없는 첫 세대'라고 규정한다. 코로나19가 발발하자 혼란에 빠진 기성세대와 달리 비대면 세계에 이미 익숙했던 Z세대들에겐 오히려 기회의 세상이 열렸다고 한다. 무언가를 배우거나 정보를 획득하거나 타인과의 관계를 맺는 방식에서도 비대면 세계를 '이미' 활용하고 있었다는 것이다. 저자들은 코로나19로 인해 Z세대가 시대의 흐름을 주도하기 시작했다고 주장한다.

애초부터 M세대와 Z세대는 달랐다. 서구에서는 뚜렷하게 구분하고 있었던 세대 구분을 한국에서는 그동안 같거나 유사한 그룹으로 묶어서 MZ세대라고 불렀을 뿐이다. 최근 2~3년 사이에 M세대와 Z세대를 다르게 봐야 한다는 조사가 발표되고 있고 기업들은 이미 다르게 대응하고 있다. 더 이상 MZ세대는 없다. M세대와 Z세대가 있을 뿐이다. 그렇다면 필자는 이제부터 M세대와 Z세대의 개념상 혼란을 방지하기 위해 Z세대를 좀 다른 이름으로 부를 것을 제안한다. 지금부터 필자는 Z세대를 기존에 나와 있는 개념 중에 Zoomer라고 부르기로 한다. 온라인과 디지털을 온전히 대표하는 '첫 세대'이기 때문이다.

Chapter 2

평생 책임진대?
아님 웬 야근

Zoomer들은 디지털 시대에 태어났고 디지털 환경에서 성장했다. 그들에게 컴퓨터와 인터넷, 스마트폰과 SNS는 물과 공기처럼 당연히 존재하는 것들이었다. 그런데 디지털 기기들은 Zoomer들이 궁금해하는 질문을 입력하면 실시간으로 출력값이 튀어나오는 방식으로 그들을 길들여 갔다. 인간은 간결함과 편리함 때문에 디지털 기기를 만들어 내고 사용해 왔지만 정작 인간을 훈련한 건 디지털 기기들이었다.

디지털digital의 어원은 라틴어의 digitus이고, 이는 사람이나 동물의 손가락, 발가락을 뜻한다. 손가락은 엄지, 검지, 중지, 약지, 소지와 같이 뚝뚝 떨어져서 존재한다. 여기서 디지털 정보란 연속된 데이터가 아니라 뚝뚝 떨어져서 독립적으로 존재하는 정보값이라는 의미가 유래되었다. 반면에 아날로그 정보는 연속적인 데이터값을 지칭한다.

가장 쉬운 예가 아날로그로 만들어진 시계이다. 아날로그 시계는 시침, 분침, 초침이 독립적으로 존재하고 오후 6시 5분과 6시 6분 사이의 시간이 연속적으로 존재함을 보여준다. 그에 반해 디지털시계는 6시 5분 아니면 6시 6분만 존재할 뿐이고 그 사잇값(6시 5분과 6시 6분 사이 시간)은 보여주지 않는다. 디지털 정보에서 중간단계라고 하는 애매모호함은 존재하지 않는다. 0 아니면 1이라는 숫자를 통해서 정보를 인식하기 때문이다. 얼핏 생각하면 아날로그 방식이 좀 더 연속적인 정보를 표현하는 것 같은데 왜 세상이 디지털 방식으로 진화하는 것일까? 이유는 간단하다. 간결함과 편리함. 수많은 데이터를 짧은 시간에 동시에 처리할 수 있는 편리함이 없었다면 어마어마한 데이터를 처리하는 능력이 불가능했을 것이다.

디지털 기기와 그에 길든 Zoomer들이 바라보는 세상은 기존의 것과 다르다. 그들이 세상을 바라보는 관점은 첫째 개인화이다. 개인화란 누구에게 의존하거나 어떤 집단에 속해야 할 필요성을 거의 느끼지 못한다는 말과 동일하다. 궁금하면 디지털 기기를 통해 알아보면 되는 것이지 굳이 부모, 교사, 상사에 물어볼 필요가 없다. 그들이 자기 방에 처박혀 무엇을 하는지 궁금하다면 이렇게 생각하는 게 옳다. 그들에게 부모나 교사, 상사는 자기들과 똑같은 개인일 뿐이다. 누가 누구에게 간섭하거나 의존할 수 있는 존재가 아니다!

그들의 두 번째 관점은 수평화이다. 거의 모든 정보가 공개되어 있고 필요한 정보는 실시간으로 검색할 수 있는 세상에 누가 누구에게 지시하고 명령을 내릴 이유가 없다고 본다. 어쩌면 진정한 민주주의가 실현되고 있다고 말할 수도 있다. 그들에게 직장이란 자신과 법률적 계약으로 맺어진 사이다. 직장이 나를 평생 책임진다는 계약을 한 것도 아닌데 왜 그들에게 계약 이상의 충성과 헌신을 한단 말인가. 따라서 계약서상에 명시되지 않은 이상, 회식은 근무의 연장이 아니며 야근은 더더구나 해서는 안 될 일이다. M세대는 눈치라도 보면서 적절히 회식에 빠지거나 만약 야근을 하면 보상을 요구하는 편이었는데, Zoomer들은 회식이나 야근 자체가 불필요한 일이라고 생각한다. 자기의 성장과 발전에 무관한 일에는 관심이 없다.

그들의 세 번째 관점은 다양화이다. 사람마다 일하는 방식, 학습하는 방식이 다르다는 것을 주장한다. 어떤 사람은 아침 일찍 일하는 것이 더 효율적이고 어떤 사람은 오후나 밤에 일하는 것이 더 효율적인데 꼭 오전 9시부터 오후 6시까지 근무를 해야 할 필요는 없다는 것이다. 각자 다른 생체 리듬을 존중해 달라는 것이고 더 중요한 건 근무 시간이 아니라 업무 성과라는 것이다. 그다지 틀린 소리가 아니기 때문에 수많은 직장에서 근무 시간, 근무 형태에 대해서 많은 시도가 있었고 지금도 새로운 방식들이 실험 중이다.

여기서 포인트는 Zoomer들의 주장이 옳다 그르다가 아니다. 디지털 기기에 훈련된 Zoomer들은 확실하게 공정하지 않다고 생각하면 수용하지 않으려고 한다. 그동안 우리가 살아오고 일해 왔던 방식과 문화, 제도가 Zoomer들이 원하는 것과 다르다는 점이다. 달라도 많이 다르다는 것이다. 산업화 시대, 정보화 시대를 거치면서 우리의 사는 방식, 일하는 방식은 아무리 좋게 포장해도 '권위적'이다. 집단의 맨 꼭대기에는 '우두머리'가 있고 그 중간을 관리하는 수많은 계층의 '관리자'들이 있고, 맨 아래에 '신세대'들이 있었다. 지금까지 이

'신세대'들의 이름은 베이비부머, X세대, M세대들이었다. 그들 역시 수많은 문제를 제기했으나 세월의 흐름과 함께 동화되어 갔다.

Zoomer들은 과연 다를까? 디지털 세상에 익숙한 그들은 우리에게 지금 질문을 던지고 있다. 어차피 회사는 나를 평생 책임지지 않는데 제가 왜 야근까지 해야 해요?

Chapter 3

'라떼'는 싫어,
'얼죽아'가 좋아

과거 한때는 '신세대'였던 베이비부머, X세대, M세대
는 Zoomer들 역시 자기들과 같은 전철을 밟으리라 예
측한다. 아니 그렇게 희망하고 있다. 그렇기 때문에 그
들이 내놓는 답은 거의 동어반복이다. '라떼는 말이야'
답부터 말하자면 그럴 수도 있고 아닐 수도 있다.

물론 '라떼는 말이야'는 'Latte is horse'가 아니다! 시작은 모 보험회사의 광고에서 비롯되었다. 말 그림이 그려진 라떼 머그잔을 든 배우가 "라떼는 말이야"라고 운을 떼기 시작하고, "너 취직은 했니?"라고 인터넷방송을 하는 조카에게 질문을 하자 "저 일하는 중이에요."라고 답한다. 반찬이 없다고 불평하는 시어머니에게 "어머니, 요즘 누가 집에서 밥해 먹어요."라고 응수하는 한편, "오늘 저녁 뭐 사줄까?"라고 묻는 상사에게 "퇴근시켜 주세요."라고 대답하는 직원이 등장한다.

이 광고는 '시대가 변했다'는 메시지를 전달하고자 한 것이지만, '라떼는 말이야'라는 말은 기성세대들이 입버릇처럼 말하는 '나 때는 말이야'를 비꼬는 말로 전 국민의 유행어가 되고 말았다. 그래서 그런 것일까? Zoomer들에게 '라떼'라는 커피음료는 '라떼는 말이야' 또는 'Latte is horse'를 떠올리게 한다는 웃지 못할 얘기까지 회자하고 있다.

그에 반해 Zoomer들의 '얼죽아' 사랑은 유별나다. '얼죽아'는 '얼어 죽어도 아이스 아메리카노'라는 말의 줄임말이다. 스타벅스의 CEO인 하워드 슐츠는 2022년 "매출의 75%가 차가운 음료였고 Zoomer들이 이를 가장 좋아했다."고 소셜 미디어에 올렸을 정도이다. 심지어 "뜨아(뜨거운 아메리카노)를 누가 아직도 마셔요"라는 기사에서는 "뉴욕의 겨울은 혹독하지만 무슨 상관이냐. 아이스 커피를 손에 쥘 수 있도록 특별히 장갑을 샀다."는 소비자의 반응까지 나올 정도로 '얼죽아'에 대한 Zoomer들의 집착은 유별나다.

Zoomer들의 얼죽아 사랑은 어디서 오는 걸까? 고객 맞춤형 음료를 선호하는 Zoomer들의 취향이 그대로 얼죽아에 녹아 있다. 뜨아보다는 얼죽아가 본인들 취향을 충족시키는 데 더 적합하다고 보는 것이다. 스타벅스의 Zoomer 고객들은 독특하면서도 복잡한 음료 제조법을 SNS에 공유하는 것을 즐기는데, 실제로 미국의 한 Zoomer가 올린 '스타벅스 시크릿 레시피'는 조회 수가

2억 1,000만을 넘었다고 한다. 취향 맞춤형 음료를 선호하는 에드워드라는 이름을 가진 한 Zoomer가 13가지 요청이 담긴 (예를 들면 바나나 5조각, 휘핑크림 적게, 얼음 많이, 꿀 블렌드 한 번, 캐러멜 소스 5번 등등) 커피를 주문했다는 소식이 전해지자, 이 음료는 '에드워드'라는 정식 메뉴로 등록되었다고 한다.

과거의 신세대들은 온전히 아날로그 세상에서 왔거나 적어도 아날로그 세상에 반쯤 발을 담그고 있던 사람들이다. 그에 반해 Zoomer들은 온전히 디지털 세상에서 온 사람들이다. 그들에게 중요한 건 '취저' 즉 자신들의 '취향 저격'에 충실한 제품, 그런 걸 시도하는 회사, 그런 걸 충족시켜 주는 사람들이다. Zoomer들의 중심에는 오로지 '나'가 있기 때문에 반드시 유명 브랜드만을 선호하는 현상과도 거리가 있다. 일방적으로 주어진 정보를 수용하기보다는 직접 정보를 검색하고 판단한다. 자신들의 정체성에 부합하는 정보를 찾다 보니 숨겨진 브랜드를 발굴하는 것이 더 가치 있는 일이라고 생각한다.

이런 트렌드를 민감하게 인식하고 있는 기업들의 대응은 발 빠르다. Zoomer들을 주 고객층으로 인식한 휠라가 그 예이다. 휠라는 어글리 슈즈 '디스럽터 2'를 출시하여 대박이 났다. 얼핏 촌스럽고 투박하게 보이는 어글리 슈즈는 Zoomer들의 취향을 저격한 덕분에 상장 이래 최대의 실적을 올렸다고 한다.

중요한 것은 더 이상 '브랜드가 유명하다.'가 아니다. '디자인이 예쁘다.'도 아니다. '요즘 계절에 잘 맞다.'도 아니다. 유명한 것도 아니고 예쁜 것도 아니고 계절 궁합도 아니라면 도대체 무엇일까? Zoomer들의 정체성을 확인시켜 주는 것이다. 정체성을 확인시켜 준다는 것은 그들 '입맛'에 맞아야 한다는 뜻이다. 그렇지 않으면 M세대조차 '라떼는 말이야'를 외치는 '꼰대'가 될 뿐이다.

Chapter 4

'젊꼰'은
더 싫어

    늙은 꼰대들은 이런 말을 한다. "난 도대체 요즘 애들 이해를 못 하겠어. 회사가 저절로 돌아가는 줄 아는 모양인데 세상에 공짜가 어디 있어?", "요즘 애들 너무 약해서 큰일이야. 조금만 힘들거나 조금만 안 맞아도 그냥 회사부터 때려치우네.", "나 참, 세상일에 제일 중요한 건 경험인데, 도무지 우리의 경험담은 들을 생각도 안

해.” 말이 통하지 않고 뜻이 통하지 않고 가치관이 통하지 않아서 힘들다는 얘기다.

　젊은 꼰대도 있다. 그들이 보기에도 Zoomer들이 답답하다. “회사에 들어왔으면 최소한 기본은 지켜야 할 것 아니야? 우린 저 정돈 아니었어.”, “부서 회식 한번 하려면 최소 한 달 전에 물어봐야 하질 않나, 한 달 전에 된다고 해서 예약을 잡아놔도 개인 일정이 있다면 빠지질 않나.”, “회사가 본인이 원하는 업무만 할 수 있는 곳이야? 그맘때 우린 싫었어도 다 같이 마무리하고 함께 퇴근했는데, 얘네들에게 동료 의식 그런 건 아예 기대할 수도 없어.” 이들 역시 말이 통하지 않고 뜻이 통하지 않고 가치관이 통하지 않아서 힘들다는 얘기다.

　꼰대의 사전적 정의는 ‘구태의연한 자신의 사고방식을 타인에게 강요하는 행위’이다. 물론 꼰대들은 자신의 사고방식이 구태의연하다고 절대 생각지 않는다. 왜냐하면 그들에겐 그들만의 성공 경험이 있다. 이렇게 저렇게 다 해 봤는데, 그래도 이 방식이 제일 효과가 있더라고 하는 그들만의 성공법칙이 내재화되어 있다. 그렇게 해야 인간관계도 안정적으로 굴러갈 수 있고 옆 부서의 협조도 받아낼 수 있고 상사로부터 결재도 쉽게 받아낸다는 것이다.

Zoomer들이 무슨 생각하는지도 알고 Zoomer들의 생각에 옳은 면이 있다는 것도 안다는 것이다. 그런데도 우리가 밥 벌어 먹고사는 곳은 그렇게 해서는 작동되지도 않을뿐더러 Zoomer들이 살아가는 데 도움이 안 된다고 주장한다.

Zoomer들은 누구를 더 싫어할까? 늙은 꼰대는 대개 베이비부머나 고참 X세대를 포함하고, 젊은 꼰대는 M세대 전부와 일부 X세대를 지칭하는 말이다. Zoomer들은 늙은 꼰대들보다 젊은 꼰대들을 더 싫어한다. 발표된 조사에 의하면 직장 내에 젊은 꼰대가 존재한다는 비율이 70%가 넘고 젊은 꼰대들 때문에 퇴사한다는 의견이 상당수라고 한다.

이유는 크게 두 가지가 있다. 첫 번째 이유는 Zoomer
들이 상대하는 사람들이 베이비부머보다는 M세대들이
압도적으로 많기 때문이다. 베이비부머나 고참 X세대들
은 Zoomer들에게 부모나 삼촌뻘에 해당하기 때문에 상
호 갈등을 회피하거나 '온정적'으로 상대할 가능성이 크
다. 또한, 베이비부머나 고참 X세대들 자체가 산전수전
다 겪은 분들이라 나이 어린 Zoomer들과 적당한 거리
를 유지하는 스킬을 보유하고 있을 수도 있다.

두 번째 이유는 M세대가 직장에서 가지는 위상 때문
이다. M세대 역시 얼마 전까지 '신세대'에 속했던 사람
들로서 바로 윗세대들과 숱한 갈등을 겪으면서 여기까
지 온 사람들이다. 막상 중간관리자 위치에 서니 자기
책임하에 성과를 보여 주어야 하는 입장이 된 것이다.
자신의 책임하에 성과를 보여주지 못하면 나쁜 평가를
받게 되고 그렇게 되면 자신의 미래가 불안해진다고 생

각한다. 어느 날부턴가 자신도 모르는 사이에 Zoomer 들을 닦달하는 자신을 발견하고 내심 놀라기도 한다. 그런데 본인들보다 현저하게 개인주의적인 데다가 자기주장은 더 강해졌고 회식이나 야근, 업무 배분에서도 더 납득할 만한 이유와 공정한 보상을 요구하고 있는 Zoomer과 직면한다. 강적을 만난 셈이다.

Zoomer들 입장은 어떨까. 한마디로 말하면 젊은 척은 혼자 하면서 꼰대 짓은 더 한다는 것이다. 말로는 워라밸을 부르짖으면서 결정적 순간이 되면 늙은 꼰대들보다 더 말도 안 되는 불공정한 요구(이를테면 부당한 업무 지시, 야근 등)를 해댄다고 느낀다. 회의 석상에서 수평적인 조직문화가 중요하다고 떠들면서 자기 혼자 대화를 독점하고 그러다가 Zoomer들이 아무 말 없이 잠자코 있으면 "왜 의견이 없어? 직장 생활을 너무 소극적으로 하는 거 아님?"이라고 하면서 성화를 부린다. 말과 행동이 일치하지 않는 것도 짜증 나는데 본인 스스로 대단히 '젊고 수평적이고 대화를 중시하는 사람'이라고 인식하고 있다는 게 더 미치겠다는 것이다.

옛말에 '때리는 시어머니보다 말리는 시누이가 더 밉다.'고 했다. 매년 달성하기 어려워 보이는 높은 목표를 설정해 놓고 달성 안 되면 회사 망한다고 강조하는 고위 임원보다 중간 관리자들이 더 싫다. 고위 임원들 앞에서는 한마디도 못 하고선 Zoomer들 앞에서만 당당한 척, 젊은 척, 잘난 척, 아는 척하는 M세대들이 더 싫다.

그래서 Zoomer들은 묻는다. "내가 당신들에게 무엇을 배울 수 있습니까?"

최고의 시절이자 최악의 시절,

지혜의 시절이자 어리석음의 시대였다.

- 찰스 디킨스, 『두 도시 이야기』-

2

어떻게
소통할 것인가

김대명 차장은 최근의 상황에 대해 곰곰이 생각해 보았다. 처음에는 이대로 씨와 같은 Zoomer들이 입사 초기에 늘 보여주는 '시간이 지나면 사라질 행동'이라는 생각이었다. 본인 역시 3년, 5년 지나면서 자신도 모르게 '적응적 행동'을 했던 시간을 떠올렸기 때문이다. 그러나 지난번 간부 회의에서 느낀 분위기는 심상치 않았다. 같은 세대라 하더라도 개인차가 있게 마련인데 거의 모든 부서에서 거의 동시에 그것도 비공식적인 모임이 아니라 공식 회의 석상에서 터져 나온 불만은 이례적인 일이 아닐 수 없었다.

김대명 차장은 영리했다. M세대답게 인터넷과 SNS를 검색하면서 새롭게 부상하는 Zoomer들의 특징을 연구하기 시작했다. 본인 역시 인터넷과 모바일의 혜택을 입은 세대로서 M세대와 Zoomer들을 동일시하는 오류에 빠져 있었다는 사실을 금방 알게 되었다. 그동안 우리나라 매체에서만 유독 MZ세대라는 용어를 분별없이 사용하고 있다는 사실도 발견하였다. M세대는 아날로그와 디지털 양쪽을 경험한 세대이고 급속하게 X세대의 가치관 속으로 흡수되어 버린 세대이기 때문에 Zoomer들은 X세대보다 M세대의 꼰대 성향을 더 싫어한다는 것도 알게 되었다.

　　이를 해결하기 위하여 김대명 차장이 한 첫 번째 대책은 '교육'이었다. 국내의 유명한 연구소, 교육업체의 홈페이지를 뒤져서 교육 수강을 신청했다. 생각보다 많은 전문가가 있었고 생각보다는 많은 특강, 교육과정이 있음을 알게 되었다. 'MZ세대를 위한 리더십', 'MZ세대의 특성과 행동', 'MZ세대와 더불어 일하기' 등이 그런 종류였다. 그런데 막상 교육을 수강하고 보니 M세대와 Zoomer를 한 묶음으로 간주하는 교육이 대부분이라 그 차이점을 알기가 어려웠다. 김대명 차장 본인 역시 M세대에 속하는 사람이라서 대부분의 교육 내용에 수긍했지만 막상 Zoomer를 부하직원으로 둔 사람으로서 구체적으로 어떻게 행동하라는 것인지 혼란스럽기만 했다. 다행이었던 것은 모든 특강이나 교육과정에 공통 분모가 존재했다. '소통'의 중요성을 강조하는 것이었다. 사람은 살아온 배경이나 환경이 다르면 생각이 다르고 처지가 다르면 관점이 다르다는 것이었다. 이 차이를 해소하기 위해 '소통하는 법'을 배우라는 것이었고 몇 가지 중요한 원칙을 배우고 온 것이다.

김대명 차장이 두 번째로 시도한 방법은 '코칭'이었다. 최근 10년 사이에 교육보다는 코칭이 중요하다는 얘기를 들어 온 터라 그 역시 코칭의 중요성을 어렴풋이 알고 있었다. 코칭은 교육처럼 전문가가 관련 지식을 가르쳐 주는 개념이 아니라 상대방이 스스로 문제를 발견할 수 있도록 도움을 준다는 점에서 교육과는 많이 다른 방식이었다. 영리한 김대명 차장은 이 또한 검색을 통해 관련 정보를 찾아냈고, 신속하게 '코칭 스킬'에 관한 기법을 학습했다.

교육과 코칭을 통해 Zoomer를 대하는 방법을 터득했다고 생각한 김대명 차장은 이제 준비가 되었다고 생각했다. 올해 1사분기가 마무리되어 갈 무렵 김대명 차장은 이대로 씨에게 먼저 면담을 요청했다. "이대로 씨 오늘 오후 2시에 나랑 차 한잔할까?"라고 물었다. 업무 중에도 에어팟을 끼고 있던 이대로 씨로부터 돌아온 대답은 "차장님, 무슨 일인지 알 수 있을까요? 제가 오늘 퇴근 전까지 완료해야 할 업무가 있어서 차 한잔할 시간이 없는데요."였다. "아니 내 말은 오랜만에 차 한잔하면서 나누고 싶은 이야기가 있어서 그래."라고 김대명 차장은 한 번 더 면담을 요청했다. 마지막에 이대로 씨로부터 돌아온 대답은 놀라웠다. "네, 별일 아니면 다음에 하시죠. 제가 오늘 중으로 일을 못 끝내면 내일 보고를 못 드릴 것 같아서요."

나름대로 검색하느라 노력하고 겨우 시간을 내서 교육도 받고 코칭도 받은 김대명 차장은 당황할 수밖에 없었다. 소통은커녕 첫 단추부터 보기 좋게 거절을 당했을 뿐만 아니라 코칭은 기회조차 얻지 못했다….

Chapter 1

AI와 로봇으로
대체할 수 없다면

케빈 켈리는 『5,000일 후의 세계』에서 인터넷이 상용화된 지 5,000일(약 13년)이 지났고, SNS가 새로운 플랫폼으로 등장한 지도 5,000일이 지났으며, 향후 세계는 모든 것이 AI(인공지능)에 접속되어 AR(증강현실)의 시대가 열릴 것으로 예측하였다. 약 13년마다 한 번씩 세상은 급속하게 변화하며 그 변화의 방향은 '테크놀로지'에 귀를 기울이면 알 수 있다고도 하였다. 케빈 켈리가 말하는 AR이란 전 세계의 어떤 물리적 공간에 있든지 수십에서 수백만 명의 사람들이 동시에 접속해서 현실 세계에 가상 세계를 접목하는 방법으로 일 처리가 가능한 세상을 말한다.

AI는 이미 상식 수준에서 이해된다. 2016년 알파고가 이세돌 9단을 이긴 후부터 AI가 인간의 학습 능력은 물론이고 추론 및 판단영역을 앞설 수 있다는 것이 증명되었다. 이처럼 인간이 가진 자연적인 지능natural intelligence을 흉내 내는 AI에는 두 종류가 있다. 특수영역에서 문제를 해결하는 능력을 갖춘 약한 AIWeak AI가 있고, 전반적인 영역에서 인간과 똑같이 생각하고 판단하는 능력을 갖추거나 그것을 뛰어넘는 능력을 갖춘 강한 AIStrong AI가 있다.

스팸메일을 필터링하거나 이미지를 분류하고 외국어를 자동 번역하는 기계, 음성인식과 같이 수백만 개의 사전 지식을 보유하고 있다가 명령어에 따라서 필요한 정보를 출력해서 보여 주는 것이 약한 AI다. 인간이 상상하지 못한 창의적인 '수'를 둔다고 사람들을 경악시켰던 알파고 역시 약한 AI에 속한다. 알파고는 이길 확률이 높은 '수'를 확률적으로 찾아내는 딥러닝Deep Learning 능력을 보유했을 뿐이다.

이에 반해 강한 AI는 영화 〈터미네이터〉에 등장하는 스카이넷이나 〈어벤져스 2〉에 나오는 울트론과 같은 로봇을 말한다. 스카이넷은 사람이 아니라 인공지능 로봇이다. 슈퍼지능을 가진 스카이넷은 인류가 자신의 기능을 정지시키려고 하자 인류를 적으로 간주하고 핵미사일을 발사하여 인류 종말의 시대를 연다. 울트론 역시 천재 과학자 행크 핌이 만든 인공지능 로봇이다. 행크는 자신의 두뇌 패턴을 그대로 프로그래밍해서 울트론에게 입력시켰는데 천재적인 과학자의 지능만 입력된 것이 아니라 그의 불안정한 정신 상태까지 고스란히 입력되었다. 이는 감정을 가진 인공지능 로봇의 탄생을 의미한다. 급기야 울트론은 행크에게 최면을 걸어서 자신의 존재를 잊어버리게 하고 자기 스스로 업그레이드하는 능력을 갖춘 울트라맨으로 진화한다.

그러나 영화는 영화일 뿐이다. 항상 그렇듯이 강한 AI에 대한 전망에는 낙관적 전망과 비관적 전망이 공존하기 때문에 현 단계에서 AI 로봇이 언제 어떤 식으로 발전할지 누구도 정확하게 예측할 수는 없다. 다만, 우리의 관심은 인공지능 로봇과 Zoomer들의 관계이다. Zoomer들에게 테크놀로지는 제2의 천성과 같다. 그들은 '항상 연결되어 있고', '인공지능 챗봇과의 대화에 거부감이 없으며' 인공지능을 통해 새로운 혁신이 가능하다고 믿는다.

AR 또한 Zoomer들에게 새로운 기회를 열어 주고 있다. 증강현실은 가상현실과 다르다. 가상현실은 자신과 상대방, 배경이나 환경 모두가 가상의 이미지를 사용하는 데 반해 증강현실은 현실에 실제 존재하는 배경이나 이미지에 가상의 이미지를 겹쳐서 보여 주는 것이다. 게임을 생각하면 이해하기 쉽다. 가상현실 게임은 가상의 내(캐릭터)가 가상의 공간에서 가상의 적과 결투하거나 경쟁한다. 그러나 증강현실 게임은 현실의 진짜 내가 현실의 공간에서 가상의 적과 게임을 한다. 증강현실이 가상현실보다 더욱 실감 나고 재미있을 수밖에 없다.

몇 년 전에 열풍이 불었던 증강현실 게임 '포켓몬고'를 떠올려 보자. 1997년에 처음 방송된 일본 애니메이션 〈포켓몬〉이 2016년에 증강현실 모바일 게임으로 부활해서 전 세계를 열풍 속으로 몰아넣었다. 우리나라에 '포켓몬고' 게임이 출시되지 않았던 초창기에 강원도 속초에서 게임이 가능하다는 사실이 알려지면서 속초행 버스표가 매진되는 상황까지 벌어졌다. 한동안 잠잠해졌다고 생각했던 포켓몬고 열풍은 작년에 포켓몬빵으로 부활했다. Zoomer들을 중심으로 포켓몬빵을 사려는 사람들은 편의점 앞에서 오픈런을 한다. 중고 거래 사이트에서 웃돈까지 주면서 거래가 되었다.

AR에 열광하는 Zoomer들의 심리는 무엇일까. "포켓몬빵 안에 들어 있는 띠부실(띠고 붙이고 띠고 붙이는 씰), 그중에서도 인기 있는 캐릭터가 있어요. 그게 안 나오면 실망하고 그래서 또 사고 또 사고를 반복합니다.", "그 빵을 먹고 싶어서 스티커를 갖고 싶어서 사는 것도 있는데 SNS에 '나도 샀다'는 인증샷을 올리고 공유하는 것이 유행이라서 사는 것도 있어요." Zoomer들의 정체성이 엿보이지 않는가?

일단 그들은 재미있고 즐거운 일에 몰두한다. 자신들이 좋아하는 캐릭터가 나올 때까지 몰입한다. 반대로 얘기하자면 재미없는 일에는 흥미를 보이지 않는다. 그들을 움직이게 하는 것은 자신들의 쾌락 중추를 계속해서 자극해 줄 '재미'라는 알고리즘이다. 태어나서부터 쭉 그들은 인터넷, SNS, AI, AR 게임을 체험하면서 그 속에서 '재미'를 느끼며 살아왔다. '재미'는 그들의 삶 그 자체였다!

또 하나 엿보이는 그들의 정체성은 남들과의 '관계'를 중시한다는 점이다. 물론 그들이 말하는 관계는 SNS를 통해서 나도 샀다는 형태로 표출된다. 요즘 유행에 뒤처지지 않는다는 조급함도 포함되어 있고 나 역시 너희들과 같은 부류라는 동류의식도 포함되어 있으나 더 주목해야 할 점은 그들 역시 다른 사람들과의 '관계성' 속에서 자신을 확인받고 싶어 하는 심리일 것이다.

만약 미래의 세상이 강한 AI와 로봇으로만 운영되는 세상이 아니라면 우리는 이 점에 주목해야 한다. 수도 없이 많은 영화에서 강한 AI가 출현하는 비관적 미래를 그리고 있지만 어쩌면 인간의 지능은 '관계' 속에서 성장하고 '관계'를 통해서 스스로를 제어하는 존재는 아닐까 하는 생각을 해 본다. 비록 Zoomer들이 말하는 관계가 SNS상의 관계, 유행을 따라잡고자 하는 관계라 하더라도 그들에게 그런 욕망이 있다는 것은 중요한 관찰 포인트가 된다. Zoomer들이 원하는 방법을 사용만 할 수 있다면 그들과 좋은 '관계'를 유지하고 발전시키는 일이

쉬울 수도 있기 때문이다.

케빈 켈리는 말한다. 5,000일마다 세상이 뒤집히는 듯한 변화가 오지만 대부분의 변화는 '정신적인 것'이라고 한다. 테크놀로지에 귀를 기울이면 미래를 알 수 있다고 했던 전문가는 우리에게 의외의 답변을 내놓는다. 테크놀로지의 발전은 결국 사람 사이의 관계성, 여가를 보내는 방법, 자신을 어떤 사람이라고 생각하는지에 대한 자기 정체성, 타인을 비롯한 다양한 대상과 어떻게 마주할 것인가에 대한 변화가 수반되어 일어날 수밖에 없다는 것이다. 결국 과학의 발전은 인간의 본질에 대해 끊임없이 질문을 해대는 '인문학'과의 관계 속에서 변화한다는 것으로 이해해야 한다.

결국 AI와 AR의 시대가 우리 예상보다 빠르게 온다고 하더라도 남는 문제는 이것이다. 기성세대가 Zoomer들과 어떤 관계를 맺을 것이며 소통의 방식을 어떻게 가져갈 것인가이다. Zoomer들에게 관계가 중요한 일인 것처럼 그들과 더불어 살아가야 하는 기성세대들에게도 관계를 맺는 방식, 소통하는 방식을 배우는 것은 여전히 중요한 과제가 될 수밖에 없다.

다음과 같은 질문을 스스로 해 보자. 질문에 대한 답변을 통해 Zoomer들과의 소통을 성찰해 보는 포인트를 찾을 수 있을 것이다. 내가 어떤 사람인지 모르는 사람은 다른 사람들과 효과적으로 소통할 수 없다. 모든 것은 자기 자신에 대한 성찰로부터 시작된다.

Zoomer들과의 소통을 위한 질문

① 나는 나 자신의 감정, 생각에 솔직한가.

② 나는 나 자신에게 충분한 휴식을 부여하고 있는가.

③ 나는 직장에서 어디까지 타협할 수 있는가.

④ 나는 직장에서 어디까지 성장하고 싶은가.

⑤ 나는 가족들에게 어떤 사람으로 평가되고 있는가.

⑥ 나는 내가 좋아하는 것과 잘할 수 있는 일이 무엇인지 알고 있는가.

⑦ 나는 Zoomer들에게 어떤 존재로 기억되길 바라는가.

⑧ 나는 AI, AR 시대를 준비하기 위한 어떤 노력을 해야 하는가.

⑨ 나는 Zoomer들과 소통하기 위해 어떤 새로운 방법을 생각하고 있는가.

⑩ 은퇴 후에 나는 어떤 사람으로 살아가고 싶은가.

Chapter 2

소통은 대화로?
소통은 제도로!

소통은 좋은 것인가? 당연하다. 소통은 무조건 좋은
것인가? 아닐 수도 있다. 소통을 '서로 뜻이 잘 통해서
오해가 없는 상태'라고 생각해 보면, 서로 뜻이 안 통하
거나 소통할수록 오해가 생긴다면 소통은 안 하느니만
못한 것이 된다. 기성세대들이 Zoomer들과의 문제를
해결하는 데 있어서 흔히 '소통의 부재'를 강조한다. 소

통하면 문제가 풀릴 것이라고 말한다. 구체적으로 어떻게 소통할 것인가를 말하지 않고 단순히 소통만 중요하다고 해서는 문제가 풀리지 않을 것이다.

흔히 소통의 수단을 '대화'라고 생각한다. 마주 앉아 '대화'를 나누다 보면 '오해'가 풀릴 것이란 막연한 기대를 하는 사람들이 참 많다. 반면에 '오해'를 풀기 위해 마주 앉아 대화를 해 봤지만, 더 큰 '오해'가 생기는 경우도 많고 두 사람 사이의 소통이 완전히 단절되는 경험을 한 사람들도 많다. 소통이란 대화 그 자체가 아니다. 대화한다고 소통이 될 거란 순진한 생각을 잠시 접어두자.

M세대를 비롯한 기성세대들이 Zoomer들과 소통을 시도할 때 가장 경계해야 할 태도가 "우리 대화 좀 합시다.", "우리 모처럼 얘기 좀 나누면 좋지 않을까."와 같은 접근법이다. 사람들 간에 대화가 안 되는 이유부터 알고 접근해야 한다.

첫째, 두 세대 간에는 건너기 힘든 시각의 차이가 존재한다. M세대는 관리자가 되는 순간부터 집단주의를 대표하는 사람이 된다. 집단주의란 집단의 이익을 위해 개인의 이익이나 의견을 내려놓고 전체를 위해 '합심'해야 한다는 생각을 말한다. 관리자의 기본 역할이기 때문에 당연하다는 생각을 할 수 있겠지만, Zoomer들 입장에서는 꼰대로 보일 수밖에 없다. Zoomer들은 개인주의를 대표하는 사람이다. 개인주의란 자신의 이익을 위해 직장과 '계약'한 사람이란 인식을 말한다. 이런 두 시각의 차이가 대화를 방해한다.

관리자는 자신이 관리자가 된 것은 업적으로 자신을 증명했기 때문에 가능한 일이었다고 믿는다. 또한 현재의 업무에 대한 높은 전문성을 가진 사람이라고 믿고 싶어 한다. 이것을 무기로 상대를 설득하려고 한다. 그에 반해 Zoomer들은 관리자가 어떤 성과를 냈고 어떤 능력을 갖추고 있는지에 대해 별로 알지도 못하고 알고 싶어 하지도 않는다. 그들은 자신의 업무를 잘 수행해 내고 그에 합당한 보상을 받는 것에 관심이 있을 뿐이다.

어느 날 토끼 굴에 빠져서 이상한 나라에 도착한 앨리스처럼 Zoomer들은 이제 막 시작한 사회생활, 직장 생활이 그저 어색하고 신기할 뿐이다. Zoomer들의 관심은 오직 자기 자신이다. 자기 자신이 합당하고 공정하게 평가받고 대우받는 것이다.

버섯을 먹고 몸이 커진 앨리스가 계속해서 길을 가다가 어느 정원에 도착한다. 바로 하트 여왕의 정원이었다. 그곳에서는 카드 정원사들이 하얀 장미에 빨간색을 칠하고 있었다. 빨간 장미를 심었어야 했는데 실수로 하얀 장미를 심고 하트 여왕이 이를 알면 자신들을 감옥에 가둘까 봐 하얀 장미에 빨간색을 칠하고 있었던 것이다. 여왕이 어떤 사람인지 앨리스가 궁금해하고 있을 때, 멀리서 나팔 소리가 들리고, 하트 여왕이 나팔을 든 흰토끼와 카드 병정들을 거느리고 도착한다. 현장 적발에 성공한 하트 여왕은 자신을 속이려던 카드 정원사들을 감옥에 가두라고 명령했다. 앨리스는 겨우 그런 잘못으로 정원사들을 감옥에 가두냐며 여왕에게 따진다. 여왕은 자신에게 겁도 없이 대든 앨리스에게 자신과 크로케 경기를 겨루어 이기지 못하면 앨리스도 감옥에 가두겠다고 협박한다. 그러자 앨리스는 그렇게 마음대로 감옥에 가두는 법이 어디 있냐며 다시 따졌고, 그러자 카드 병정들이 앨리스를 에워싸고 공격을 시작한다….

M세대의 관리자와 Zoomer들을 이상한 나라에 존재하던 하트 여왕과 앨리스라고 비유하면 지나친 것일까? 아마도 상호 간에 현격한 시각의 차이가 있다는 점은 동의할 것이다. 앨리스와 하트 여왕에게는 자기만의 '기준'이 있었고 그들이 옳다고 생각하는 '가치'가 있었던 것이다.

대화가 안 되는 두 번째 이유도 있다. 권력 거리Power Distance에 대한 인식의 차이다. M세대는 직장을 이렇게 생각한다. 직장이란 엄연히 질서가 있고 위, 아래가 있다. 그들 역시 과거에 직장의 위계질서가 못마땅하다고 생각했던 적이 있었지만, 관리자가 되고 보니 '불가피한 선택'이라고 생각하기 시작한다. 개인의 자유를 무한정 존중해서는 어떤 의사결정도 내리기 어렵고 요즘처럼 변화가 심하고 경쟁이 격렬한 세상에서는 자칫하면 기회를 놓치기 십상이라는 거다. Zoomer들의 참신한 생각은 존중하지만 결국 결정권은 관리자가 쥘 수밖에 없고 소수의 의견은 무시될 수도 있다고 생각한다. M세대에게 자신들과 Zoomer들 간의 권력 거리는 크다.

『동물농장』의 나폴레옹(독재자의 상징)이 연상된다. 나폴레옹은 자신이 권력을 가진 독재자가 되면서 모든 것을 자의적으로 판단하기 시작한다.

어느 일요일 아침, 동물들이 지시 사항을 전달받으러 모였을 때 나폴레옹이 새로 정한 정책이 있다고 발표했다. 이제부터 동물농장은 이웃 농장들과 거래를 할 것이라고 했다. 물론 상업적인 목적을 위해서가 아니라 단지 꼭 필요한 물건들을 구입하기 위한 것이었다. 무엇보다도 풍차 건설이 가장 시급한 문제라고 말했다. 그래서 건초 한 더미와 올해 수확할 밀의 일부를 팔려고 준비 중이라고 했다. 그리고 돈이 모자랄 경우에는 윌링던에 늘 장이 서기 때문에 달걀을 팔아서 보충할 계획이었다. 이를 위해 암탉들은 풍차 건설에 특별히 기여할 기회로 받아들이고 희생을 기꺼이 감수해야 한다고 나폴레옹은 말했다. 이번에도 동물들은 마음속으로 묘한 불편함을 느꼈다. 인간들과는 절대 상대하지 않는다, 사고파는 일을 절대 하지 않는다, 돈을 절대 사용하지 않는다와 같은 원칙들은 존스 씨를 내쫓고 난 다음 나폴레옹이 의기양양하게 열었던 첫 총회에서 다짐했던 것들이 아니었던가? 동물들은 그런 결의안들을 통과시켰던 것을 기억하고 있었다.

권력 거리에 대한 Zoomer들의 생각은 다르다. '계약'을 통해 직장에 입사했다고 생각하는 그들은 직장 내 직위의 존재 이유를 '권력'이 아니라 '역할'로 이해한다. 관리자에게는 관리자의 '역할'이 있고 Zoomer들에겐 그들에게 필요한 '역할'이 있다는 것이다. 그래서 권력의 문제가 아니라 역할 기대가 달라서 생기는 문제라고 본다. 이 차이가 또 대화를 가로막는다. 권력 거리를 크게 인식하는 세대(M세대)는 결정적 순간에 그 권력을 사용해도 된다는 허락을 받았다고 인식하고, 권력 거리를 작게 인식하는 세대인 Zoomer들은 권력은 함부로 사용하는 것이 아니라 의견수렴 과정을 통해 '합당하게' 행사해야 한다는 인식을 갖고 있다.

두 세대 간의 대화를 어렵게 하는 마지막 장애물은 누구나 인정할 수 있는 '규칙'을 정하고 그 규칙을 어떻게 준수해야 하는가에 대해 인식의 차이가 있다. M세대는 '성과에 따른 공정한 보상'을 해야 한다는 '규칙'을 정해 두었지만, 상황에 따라 달리 해석될 수 있다고 생각했다. 정해진 시간만 일을 해서는 결코 원하는 목표를 달성할 수 없다고 믿었다. 항상 그럴 필요는 없지만 상황에 따라 밤낮없이 주말 없이 수단 방법에 구애 없이 일을 해야만 달성될 수 있는 일들이 허다하다고 생각했다.

그들은 마치 '위대한 개츠비'처럼 자신이 원하는 것을 손에 넣기 위해 '규칙'을 자의적으로 해석하는 사람과 같았다. 탁월한 성과를 내지 않으면 원하는 사람(데이지)을 손에 넣을 수 없는 사람들처럼 행동하였다.

군대에서 그(개츠비)는 꽤 성공한 편이었다. 전선에 배치되기 전에 이미 대위로 진급했고 아르곤 전투 뒤에는 소령으로 진급하면서 사단 기관총 부대의 지휘관이 되었으니 말이다. 휴전 후 그는 빨리 귀향하려고 미친 듯이 서둘렀지만, 업무 착오나 오해가 있었는지 옥스퍼드로 파견되고 말았다. 그는 이제 걱정이 되기 시작했다. 데이지의 편지에 신경질적인 절망 같은 것이 담겨 있었다. 그가 어째서 귀국을 못 하는지 그녀로서는 이해할 수가 없었다. 주위에서 압력을 받고 있던 그녀는 그를 만나고 싶었고 그가 옆에 있어 주기를 원했으며 결국은 그녀가 옳은 일을 하고 있다고 확인받고 싶었던 것이다.

순수하던 청년 개츠비는 데이지를 얻기 위해 성공을 해야 했고 실제로 눈부신 성공을 거둔다. 그러나 자신의 모든 것을 걸고 성공을 추구했던 개츠비의 정체는 범죄 조직과 손을 잡고 번 돈이었다는 것이 드러난다. 위대한 개츠비를 움직인 건 사랑이었는지 성공이었는지 아니면 단순한 욕망이었는지 본인조차 모르는 상황이 된 것이다! 이처럼 맹목적인 목표는 합리적인 '규칙'을 어겨서라도 달성해야 하는 것이 되어 버린다. 이 순간 공정성은 물 건너간다.

그런 의미에서 Zoomer들은 냉정하다. 그들이라고 해서 성공에 대한 야망이 없을 수 없다. 다만 성공 못지않게 성공의 방식에 대한 그들의 열망은 대단히 강렬하다. 그들이 원하는 것은 투명한 '규칙'을 만드는 것이고 그 투명한 규칙 위에서 공정하게 성공하는 것이다.

관리자들이 상대방을 설득하기 위해 시도하는 섣부른 대화는 위험하다. 단순히 Zoomer들을 기분 좋게 만들기 위해 입에 발린 칭찬이나 부드러운 말솜씨도 더 이상 필요 없다. 상대방을 친절하게 부드럽게 대하는 것은 중요하지만 '말'로 설득하는 시대는 지났다. 그들이 원하는 것은 '말'이 아니라 '제도'를 통해 공정성을 보여 주는 것이다. '제도'야말로 누구에게나 공평하게 적용되는 약속이고 상당 기간 지속될 징표이기 때문에 믿을 수 있는 것이다. 소통은 말로 하는 대화가 아니라 제도라는 토대 위에서 진행하는 협상이다.

Chapter 3

고민하지 말고
고안하라!

관리자의 임무는 단순히 대화를 자주 하는 것이 아니라 '제도'라는 공정하고 합리적인 '규칙'을 먼저 고안하는 것이다. 공정한 규칙은 공정한 제도를 통해서 담보된다. 제도라고 해서 반드시 복잡하거나 거창할 필요는 없다. '제도'를 하나의 새로운 '시도'라고 보아도 무방할 것이다. 새로운 시도란 지금까지 실행해 보지 않았던 집단적 규칙을 조직 내에 도입하는 것을 말한다. 물론 새롭다는 것이 이 세상에 존재하지 않았던 듣지도 보지도 못한 '새로움'을 의미하는 것은 아니다. 익히 알고는 있었지만, 우리 조직 내에 도입하기를 주저했거나 두려워했던 일을 실행하는 것 또한 새로운 시도라고 볼 수 있다.

온 세상이 '디지털'로 바뀌고 있는 마당에 여전히 과거의 방식을 답습만 해서는 곤란하다. 더구나 Zoomer들이 새로운 시도를 강력히 원하고 있는데도 대충 과거에 했던 방식의 '대화'만 고집해서도 안 된다. 과거 방식의 대화란 결국 훈계로 귀결될 가능성이 높다. Zoomer들과 진정으로 소통하기 위해서는 대화를 넘어 '제도화'하려는 시도를 당장 시작해야 한다.

제도화의 첫 번째 사례는 리버스 멘토링Reverse Mentoring이다. 멘토링을 모르는 사람은 드물다. 통상 상사가 부하를 멘토링한다고 할 때 빈번하게 사용된다. 주로 나이 많은 연장자가 멘토가 되고 나이 어린 하급자들이 멘티가 되는 구조로 진행된다.

역사적 연원을 따져 보면 그리스 시대의 오디세우스
가 트로이 전쟁을 나가면서 자신의 아들 텔레마코스를
자신의 친구인 멘토에게 맡기고 간 데서 유래되었다. 10
년간에 걸친 트로이 전쟁을 끝내고 본국으로 돌아오니
자신의 아들 텔레마코스가 정신적 육체적으로 훌륭한
청년으로 성장해 있었다. 가장 큰 이유는 친구인 멘토가
자신을 대신해서 아버지이자 스승, 친구이자 인생 파트
너로서 훌륭한 역할을 해 주었기 때문이다! 멘토의 이런
활동을 종합적으로 지칭한 용어가 바로 멘토링Mentoring
이다. 부모가 자식에게, 선생이 학생에게, 상사가 부하
에게 멘토 역할을 한다는 것은 이처럼 '전인적 인재 육
성'의 대표적인 활동으로 인식되었다.

인터넷이 등장한 지 몇 년 후 1990년대 후반의 일이
다. 당시 세계적 기업 GE의 잭 웰치 회장이 리버스 멘토
링이란 용어를 사용하기 시작했다. 말하자면 역逆멘토링

이란 뜻인데, 멘토링을 뒤집어서 한다는 뜻이 된다. 즉 신입사원이 멘토가 되고 임원이 멘티가 되는 구조를 만들어 냈다. 그리스 시대 이래로 내려오던 멘토링의 개념을 역전시킨 것이다. 인터넷이 상용화하면서 인터넷을 통해 무궁무진한 사업 기회가 출현하고 있는데도 불구하고 정작 임원들이 인터넷을 이해하지 못하고 인터넷을 활용하지 못하고 있었던 것이다. 그래서 잭 웰치 회장이 고안한 제도가 리버스 멘토링이었다. 신입직원들이 임원들에게 인터넷의 개념, 인터넷의 활용 방법을 가르치도록 했다. 세상이 변하고 있는데 과거의 방식에만 머물러 있어서는 경쟁력을 상실한다고 생각했다.

그 이후 수많은 글로벌 기업에서 리버스 멘토링이 붐처럼 일어났다. 구찌, 에스티 로더와 같은 해외 기업은 물론이고 우리나라의 유한킴벌리, CGV, 그리고 수많은 공기업, 공공기관 등도 젊은 세대들이 좋아하는 트렌드를 배우기 시작했다. Zoomer들을 이해하고 배우기 위해 수많은 기업의 고위 관리자들이 Zoomer들이 좋아하는 핫플레이스를 방문했다. 최근에 신한카드는 'MZ세대 라이프스타일 키워드'라는 보고서에서 M세대와 Z세대의 마케팅 전략을 분리해야 한다고 주장하면서 리버스 멘토링 제도를 적극 활용하였다. Zoomer들을 위한 선불카드, 크루카드 등의 제안이 잇달아 나왔다. 이런 제안이 나온 배경에는 '알스퀘어'라는 리버스 멘토링 그룹이 있었다고 한다.

Zoomer를 위한 리버스 멘토링은 단순한 대화가 아니라 제도화된 대화이다. 따라서 리버스 멘토링이란 프로세스를 따라가다 보면 저절로 대화가 촉진되고 상호 이해가 심화하며 문제해결을 위한 기본 토양이 만들어진다. 리버스 멘토링 프로세스는 다음과 같이 구성된다.

각 기업이나 조직마다 니즈가 다를 수 있기 때문에 멘토(Zoomer)의 니즈와 멘티(관리자, 임원)의 니즈를 확인하고 멘토링 주제를 정한 다음, 멘토-멘티를 상호 매칭하는 작업이 첫 단계이다. 이 단계가 가장 중요한 단계이기 때문에 가급적이면 전문가가 주도하는 비대면 워크숍을 통해 진행한다.

그다음 단계가 실행과 난관 극복 단계이다. 실행 단계는 정해진 주제에 따라 구성된 멘토 그룹이 각자 활동하는 단계이다. 통상 주 1회 약 2시간, 총기간 3개월 이상 (주제에 따라 1개월~1년 사이로 구성된다)으로 진행되며 이때 반드시 멘토링 일지를 작성하도록 한다. 2단계 중 난관 극복 단계가 있다. 리버스 멘토링을 진행하다 보면 반드시 업무적으로 또는 대인 관계상 난관을 만나게 된다. 리버스 멘토링이란 제도화된 대화를 처음 경험하는 사람들이 대부분이기 때문에 상대방에 대한 오해와 혼란, 자포자기 현상 등이 거의 항상 일어난다. 이때가 전문가의 개입이 필요한 순간이다. 전문가는 리버스 멘토링의 개념과 목적, 각 그룹의 목표 등을 상기시키고 문제를 정의하여 당사자들이 문제에 직면하도록 한다. 코로나19와 같은 비상 상황이 아니면 이 단계를 대부분 잘 극복해 나간다.

마지막 3단계가 평가와 결연 단계이다. 이 단계는 리버스 멘토링의 진행 과정 전체를 리뷰하고 피드백을 주고받는 단계이다. 개인별 잘잘못을 지적하거나 비판하는 자리가 아니다. 잘된 점과 아쉬운 점을 객관적으로 정리하고 만약 다음에 또 시행한다면 어떻게 더 잘할 수 있는지를 주고받는 단계이다. 이 단계를 통해 리버스 멘토링의 종합적인 학습이 가능하다. 매우 중요한 단계가 아닐 수 없다. 3단계 중 가장 마지막 단계는 '결연'이라는 공식적인 마무리 의식을 가진다. 지나치게 거창할 필요도 없고 너무 거대한 의미를 부여할 필요도 없다. 조촐하면서도 진정성이 담긴 소감을 발표하고 서로를 칭찬하고 인정해 주는 단계이다. 또한 공식적인 리버스 멘토링은 종료하지만, 멘토-멘티 관계는 이후에도 지속된다는 의미를 담고 있다. 멘토-멘티 매칭은 초기 단계에 이루어지지만, 이후에도 비공식적인 모임이나 배움은 지속될 수 있다는 뜻이다(표 3 참조).

1단계에서 할 일	**1. 준비** (1주 차)	· 멘토의 니즈, 멘티의 니즈 · 주제발굴 참가자 공동 워크샵
	2. 매칭 (1주 차)	· 주제별 멘토, 멘티 선정 및 매칭 협약식 · 주제별 목표 설정 워크샵
2단계에서 할 일	**3. 실행** (2주~6주 차)	· 미팅 일지 작성 · 정기적 미팅 일시, 장소, 방법 상의 · 리버스 멘토링 활동
	4. 난관극복 (4주 차)	· 업무상 난관: 일정 중복, 출장, 개인사정, 업무과다 등 · 대인관계 난관: 성격, 목표, 업무 방식의 불일치 · 전문가 개입: 대화와 토론을 통해 전원 합의 방식으로 해결
3단계에서 할 일	**5. 평가** (7주 차)	· 멘토의 자기 평가, 멘토의 멘티 평가 → 절대평가 · 멘티의 자기 평가, 멘티의 멘토 평가 → 절대평가 · 전문가 평가(멘토/멘티 개별 평가, 팀 평가)
	6. 결연 (8주 차)	· 특강 · 소감 및 다짐 · 리버스 멘토링의 후속 조치를 위한 제언

※ 단계별 세부내용은 협의에 의해 조정될 수 있음   〈표 3. 리버스 멘토링 프로세스〉

실제로 리버스 멘토링을 마치고 난 후 소감을 들어보면 주옥같은 이야기들이 쏟아져 나온다.

멘티 측 발표: "우리 ○○○이 이렇게 열정이 많고 실력이 출중한지 몰랐다."

멘토 측 발표: "우리 아무개 팀장님이 이렇게 유머가 많고 재미있는 분인지 리버스 멘토링을 통해서 알게 되었어요."

양측 발표: "이제 어떤 생각을 갖고 그런 말씀을 하신 건지 알게 되었어요. 이제야 왜 그런 행동을 했는지 깨달았어요."

"앞으로 함께 대화하다 보면 회사에 도움이 될 만한 아이디어들이 나올 것 같아요."

제도화의 두 번째 사례는 '전 국민 습관 형성(목표 달성) 프로젝트'이다. 사람들은 해마다 새해가 되면 이런저런 목표를 세운다. '건강관리를 위해 매주 3회 이상 운동을 한다.'라거나 '매월 1권 이상 책을 읽는다.'라거나 혹은 매달 저축, 연간 주식투자 계획, 부동산 임장 계획 등등 각자 상황에 맞는 새해 결심과 계획을 세우고 시작한다. 그러나 작심삼일이다. 새해가 지나고 바쁜 일상에 쫓기다 보면 어느새 1분기가 지나고 2분기가 다가온다. 그러다 보면 여름휴가가 눈앞에 와 있고 연말 평가를 위해

허겁지겁 업무 성과를 챙겨야겠다고 생각한다. 이러길 반복하다 보면 금방 5년이 지나고 10년이 훌쩍 지나간다. 인생무상 아니면 자포자기의 감정에 쉽게 빠진다.

이를 타개할 방법이 없을까? 디지털 시대에 맞는 방법이 있다. 만병통치약이라고 할 수는 없지만 새해에 세운 크고 작은 결심을 달성하도록 도와주고 그 결과에 따라 작은 보상을 받는 방법이 있다.

바로 '챌린저스 앱'을 소개하려고 한다. 누구나 챌린저스 앱을 다운받아서 자신에게 필요한 챌린지(도전 과제)에 도전하여 목표 달성을 이루어 나가는 방식이다. 더구나 챌린저스는 일정 금액의 자기 돈을 걸고 챌린지 달성률에 따라서 돈을 돌려받고 거기에 상금까지 받는 구조다. 만약 챌린지 목표 달성에 실패하면 자기가 건 돈을 돌려받지 못한다. 챌린지의 종류는 매우 다양하다. 그러면서도 거창하지 않다. 예를 들면 주 3회 7,000보 걷기, 하루에 물 5컵 마시기, 네이버 영어 회화 공부하기, 매일

감사 일기 쓰기, 주말 오전 6시에 기상하기 등이다.

누구나 좋은 습관을 형성하여 자신의 삶을 건강하고 행복하게 가꾸어 가길 원하지만 정작 '의지박약'이나 '바쁜 일상'에 쫓겨 쉽게 포기하는 경우가 많다. 작심삼일이 되는 가장 큰 이유다. 챌린저스 앱은 '의지박약'을 극복할 수 있도록 '제도적으로' 도와주는 장치다. 다만 공짜가 아니라 자신의 좋은 습관을 형성하기 위해 일정 금액을 걸어야 한다. 금액은 많지 않다. 통상 5,000원, 10,000원 정도다. 대신에 목표 달성에 성공한 사람은 본전은 물론 상금까지 챙겨가고 그렇지 못한 사람(보통 달성률 85% 미만)은 자신이 건 돈도 챙겨가지 못한다. 금액이 많지 않기 때문에 큰 부담을 느끼지 않을 것 같지만 그렇지 않다. 내가 세운 목표 달성을 위해 그것도 돈까지 걸어 놓고 시작한 목표를 어떻게든 달성해 보려고 기분 좋게 '강제'하는 효과가 있다.

일반 챌린지의 경우 실패한 사람의 예치금 중 일부를

성공한 사람들이 1/n로 나누어 가지기 때문에 성공한 사람들이 많을수록 상금이 줄어든다. 이를 예방하기 위하여 특별 상금 프로그램도 있다. 예를 들어 특별 상금 300만 원이 걸린 경우 실패한 사람의 몫이 아니라 성공한 사람들이 특별 상금을 나누어 가질 수 있도록 동기부여를 한다. 모든 활동은 투명하게 관리된다(표 4 참조).

챌린지 정보

챌린지 기간	22.08.01~22.08.12
결과 발표일	22.08.13 12시 30분
총 참가자 수	4,163명
총 예치금	20,815,000원
평균 달성률	85.2%

참가자 현황

총 참가자 수	4,163명
100%달성 전액환급 및 상금	2,073명
85% 이상 달성 전액 환급	943명
85% 미만 달성 달성률만큼 환급	1,025명
인증패스 | 레드카드 이번 챌린지에서 인증패스를 사용하셨거나, 3개월 이내 레드카드를 받아 상금 획득이 불가능한 참가자 수입니다.	6명

〈표 4. 챌린지 정보〉

챌린저스 앱은 Zoomer들이 좋아할 만한 요소를 거의 다 갖추고 있다. 우선 Zoomer들은 자신들의 성장과 발전에 가장 관심이 많다. 좋은 습관을 형성하여 자신의 인생 목표를 달성하도록 관리해 주는 앱을 선호할 수밖에 없다. 디지털 시대에 맞는 방법을 통해 이루어 갈 수 있다면 좋아할 수밖에 없다. 또한, 모든 정보가 투명하게 관리된다는 점이다. 그들은 디지털 시대에 맞지 않게 속임수를 쓰거나 거짓 정보를 흘려서 이득을 취하는 행태를 '불공정'으로 인식하고 이런 행위를 가장 싫어한다. 마지막으로 보상이 주어진다는 점이다. 자신의 목표 달성 행위에 대해 정해진 기간(통상 2주나 4주) 안에 정확한 피드백이 표시되고 그에 합당한 보상이 주어진다. 목표 달성에 대해서는 원금 반환은 물론이고 소액이지만 상금까지 받을 수 있고 목표 미달성의 경우에는 원금조차 반환받지 못하는 것이다.

챌린저스 앱 또는 이와 유사한 방법을 직장에서 도입해야 한다. 물론 필자가 강연을 다니는 일부 기업이나 공공기관에서 이미 도입하고 있는 것을 알고 있다. 그러나 더 확산하였으면 하는 마음이다. Zoomer들은 "이기적이다.", "책임감이 없다.", "지각하고도 잘못이 무언지도 모른다."고 지적하거나 질책할 것이 아니라 그 직장에 맞는 제도화된 '프로젝트'를 통해 Zoomer들과 대화해야 한다. 거창하지 않은 프로젝트부터 시작해야 한다. 예를 들면 '일일 업무 일지 쓰기', '월 1회 업무개선 아이디어 내기', '매주 1회 이상 상대방의 장점 찾기' 등이다. 또한 이런 프로젝트는 투명하게 관리되어야 하고 적절한 보상이 반드시 뒤따라야 한다. 중요한 것은 제도화된 대화를 하는 것이고 무의미한 대화가 아니라는 것이다.

제도화의 마지막 사례는 '절대평가의 도입'이다. 어떤 조직에서 어떤 업무를 하든지 평가받게 되어 있다. 평가는 업무의 결과물에 대해서 우열을 가리는 '판단'의 기능도 있고 다음 기회에 더 개선하여 잘해보자는 '피드백'의 기능도 있다. 조직은 평가를 통해서 구성원의 행동을 통제하고 조직의 존재 목적을 증명한다. 만약 평가가 없다면 어떻게 조직의 목표를 달성할 것이며 어떻게 구성원들을 동기 부여시키고 보상할 것인가. 그래서 평가가 없는 조직은 상상하기 어렵다.

평가에는 두 가지 레벨이 있다. 정부 기관이나 기업과 같이 전체 조직이 평가받는 거시적 차원이 그중 하나다. 공공기관은 경영평가를 통해서 잘잘못을 지적받고 향후 무엇을 개선해야 할지 방향을 잡는다. 기업은 주로 수익 목표 달성과 고객 만족 여부를 기준으로 평가받고 성장해 나간다. 또 다른 평가 레벨은 개인 평가이다. 기업이나 공공기관의 목표 달성을 위해서 그 속에 있는 구성원 개개인이 어떻게 평가받는가 하는 미시적 차원의 레벨이다. 조직 전체가 좋은 평가를 받기 위해서는 각 본부나 부서 단위의 평가로 연결되어야 하고 이는 필연적으로 부서 단위에 속해 있는 각 개인들의 평가로 연결되어야 한다. 그런데 평가의 긍정적 기능 못지않게 부정적 기능이 구성원들을 힘들게 만든다.

평가에는 두 종류가 있다. 하나는 상대평가이다. 상대평가는 일의 결과(성과)가 높은 순으로 구성원을 나열하여 평가하는 방식이다. 한 부서에 20명이 있다고 하면 1등부터 20등까지 존재한다는 의미이다. 이 방식은 부서 내에 탁월한 고성과자를 배출한다는 장점이 있다. 평가 기준이 객관적이고 합리적으로 결정되어 있다고 가정하면 누가 봐도 일 잘하는 사람이 결정되게 되어 있다. 그런 사람에게 빠른 승진과 파격적인 인센티브와 보상이 주어진다. 그렇지 않고는 성과주의 문화를 만들어 낼 수도 없고 일 잘하는 사람을 동기 부여할 방법이 없다. 고성과자가 있으면 반드시 저성과자가 있어야 한다. 저성과자는 낮은 평가를 받고 그에 따라 늦은 승진은 물론이고 연봉 삭감을 감수해야 한다. 그것이 공정한 시스템으로 인식되기 때문이다.

또 하나는 절대평가이다. 절대평가는 능력이나 성과에 대해 '절대적인 기준'으로 평가받는다는 것이다. '절대적인 기준'은 일정한 기준(예를 들면 고객 만족 5점 만점에 4.0

이상)을 중심으로 그 기준만 충족하면 누구나 '잘함', '우수함'으로 평가받을 수 있다는 뜻이 된다. 상대적인 기준은 내 점수가 아무리 높아도 나보다 더 잘한 사람이 있으면 나는 '상대적으로' 잘 못한 사람이 된다. 잘한 사람 순으로 랭킹을 매기기 때문에 순위는 상대적일 수밖에 없다. 절대적인 기준의 장점은 함께 일하는 사람들 간의 협업을 촉진시킨다는 것이다. 다 같이 잘하면 다 같이 좋은 점수를 받을 수 있기 때문이다. 다 같이 좋은 점수를 받는다? 다 같이 좋은 보상을 받는다? 어딘가 어색하다고 느낄 수도 있다. 그렇게 되면 서로서로 잘 봐주고 좋게 평가해 줄 것이 아닐까? 평가의 관대화 현상이 발생하기 때문에 조직 전체의 성과는 점점 나빠질 수밖에 없다는 생각도 들 것이다. 이렇게 생각하다 보면 상대평가나 절대평가나 장단점이 있고 어떤 것이 더 낫다고 할 수 없다(표 5 참조).

그런데 최근에 주목할 만한 현상이 발생하고 있다. 미국의 실리콘밸리에서 시작된 절대평가 제도가 점점 확

상대평가		절대평가
성과가 높은 순으로 구성원을 배열하여 평가(1년에 2번 시행)	개념	능력과 성과에 대해 '절대적인 기준'으로 측정 상시 평가
Apple, Facebook 외 다수 기업	사례	Netflix, Microsoft, GE, 삼성, LG, 네이버
1) 탁월한 고성과자 육성 2) 승진, 해고, 성과급 등의 인사 결정의 객관성	장점	1) 협업을 통한 성과 증진 2) 과정 및 결과에 대한 Feedback 활발
1) 과도한 내부 경쟁 2) 저성과자 동기부여 저하, 낙인 효과	단점	1) 절대적 기준 모호 2) 평가관대화 문제
1) 협업을 위한 조직문화 형성 2) 저성과자의 유형에 따른 세부적인 교육	HR 보완책	1) 객관적 확보를 위한 평가자 교육 2) 절대평가 안정화를 위한 인사담당자의 꾸준한 소통

〈표 5. 상대평가와 절대평가의 비교〉

산하고 있다. 처음에는 IT기업이나 벤처기업 등 일부 기업에서 도입되다가 제조업으로 확산하고 주로 글로벌 기업에서 적용되어 왔었는데 이제 국내 일반기업들까지 도입하고 있다는 점이다. 물론 모든 기업이 그런 것도 아니고 도입한 기업이라 하더라도 모든 부서에 도입한 것이 아닐 수 있다. 그런데도 절대평가 제도의 도입이 새로운 평가 트렌드로 확산하고 있다는 현상은 주목할 만한 일이 아닐 수 없다. 왜냐하면 우리의 인식 속에

평가 하면 상대평가라는 생각이 확고하게 자리 잡고 있고, 그래야만 구성원의 통제와 관리 나아가 조직의 목표 달성이 가능하다고 믿고 있기 때문이다.

절대평가의 도입과 확산은 Zoomer들의 출현과 관련이 있다. Zoomer들이 인식하는 공정함이란 결과의 공정함만이 아니다. 시작부터 공정해야 한다. 즉, 업무 배분, 업무 할당 시 각 개인의 희망과 그 업무를 수행할 만한 능력을 고려하여 배분되어야 공정하다고 믿는다. 중간 과정 역시 공정해야 한다. 본인이 부여받은 업무 이외의 업무에 시간이 투입되었다면 그 시간 때문에 본인의 업무를 수행할 수 없었다고 생각한다. 시작과 중간 과정의 시간 투입과 노력 없이 어떻게 바람직한 결과를 낼 수 있겠는가. 업무 전 과정의 공정성이 확보되지 않는데 어떻게 결과의 공정성을 증명할 수 있겠는가. 이런 상황에서 어떻게 상대평가를 할 수 있다는 말인가. 처음부터 투입조건과 중간 과정이 다 다른데 결과만 좋다고 해서 그 사람이 1등이라고 할 수는 없다고 생각한다. 상대평가의 효능을 부정한다.

Zoomer들의 공정성에 대한 인식 이외에도 절대평가가 확산되는 이유는 급속하게 변화하는 디지털 환경과도 관련이 있다. 설령 합의에 따라 '평가 기준'을 설정했다고 하더라도 2~3개월에 한 번씩 변화가 일어난다. 예상치 못했던 팬데믹이 전 세계를 휩쓸거나 급격한 물가 상승, 금리 인상과 같은 거시 변수가 변동하는 것은 물론이고 경쟁사의 신제품 출시, 고객 요구사항의 변동, 신기술의 출현 등으로 인해 자사의 전략을 수시로 바꿔야 하는 상황이 발생한다. 연초에 힘들게 세운 사업계획이 무용지물이 되는 경우가 빈번하게 일어난다. 환경이 바뀌고 그에 따른 사업전략이 바뀌는데 연초에 세운 평가 기준이 무슨 소용이 있단 말인가. 정작 중요한 것은 변화에 따른 발 빠른 대응이고 구성원들 간의 정보 공유, 타 부서와의 협업이다. 그것이 조직 전체의 성과를 담보하는 핵심역량이 된 것이다! 이런 상황에서도 상대평가의 장점에만 집착하는 것만큼 어리석은 일은 없을 것이다. 기본적으로 상대평가는 내부 구성원들 간의 경쟁을 통해 성과를 극대화하는 데 최적화된 전략일 뿐이다. 이제부터 절대평가의 장점을 어떻게 극대화하고 단점을 어떻게 최소화할 것인가를 놓고 구성원들과 제도화된 대화를 시작할 때이다.

Chapter 4

신뢰가
먼저다

　Zoomer들과 소통하길 원하는가? 그렇다면 무턱대고 대화를 시도해서는 안 된다. 기성세대와 Zoomer들이 다른 세상을 살아온 것을 인정해야 한다. 경험이 다르면 생각이 다르다. 집단주의를 원칙이라고 생각하는 사람과 개인주의가 원칙이라고 생각하는 사람이 조직 생활을 바라보는 관점이 같을 수 없다. 권력 거리가 크다고 느끼는 사람과 권력 거리가 작다고 느끼는 사람의 생각이 같을 리 없다. 조직은 투명하고 공정하게 운영되어야 한다고 믿는 사람과 상황에 따라 다를 수도 있다고 생각하는 사람의 방식이 같다고 믿어야 할 근거도 없다. 이 차이를 인정하지 않는 이상 진정한 소통은 되지 않는다. 무턱대고 마주 앉는다고 소통이 되지 않는다. 이 차이를 인정하고 이 차이를 해소하기 위한 제도화를 다져나갈 때 비로소 소통이 일어난다.

앞서 제도화의 세 가지 사례로 리버스 멘토링, 챌린저스 앱(전 국민 습관 형성 프로젝트), 절대평가의 도입 등을 예시로 들었다. 제도화란 제도 그 자체라기보다는 '구조화되고 자연스러운 소통 방식을 고안하는 것'을 의미한다. Zoomer들과 자연스럽게 스며드는 방식을 통하지 않고는 진정한 의미의 소통은 불가능하기 때문이다.

제도화된 소통이 가능해진 연후에야 '신뢰'가 쌓이기 시작한다. 신뢰란 '배신의 가능성이 있음에도 불구하고 그 위험을 무릅쓰고 상대방에게 호의를 베푸는 것'이기 때문이다. 기성세대 입장에서는 제도화된 소통을 통해 비로소 Zoomer들과 대화를 할 수 있게 됐다고 믿는 것이고 Zoomer들 입장에서는 제도화된 소통을 통해 비로소 기성세대들과 협업이 가능하다는 믿음을 갖는 것이다.

형식적인 소통이 아니라 진정한 의미에서 대화와 협업이 가능해졌다는 믿음, 이것은 조직 내에 사회적 자본이 축적되었다는 의미가 된다. 사회적 자본이 잘 축적된 사회일수록(즉 신뢰수준이 높은 사회일수록) 서로 다른 배경을 가진 구성원들 간에 대규모 협력이 가능하며 다른 사회에 비해 높은 성장률을 보여주며 조직 운영의 효율성까지 높여준다. 지금의 시대는 내부 경쟁이 아니라 내부 협력이 중요한 시대이며 높은 성장률과 효율성도 상호 신뢰가 전제될 때 달성될 수 있다.

Industry Week의 설문조사에 의하면 직원 중 87%가

2. 어떻게 소통할 것인가

관리자에 대한 신뢰를 가장 중요하다고 응답했다. 그런데 직원들의 58%는 관리자를 신뢰하지 않는다고 응답했다. 무엇을 의미하는 것일까? Zoomer들은 M세대를 신뢰하지 않을 뿐만 아니라 젊은 꼰대라서 더 싫다고 인식하고 있다. Zoomer들의 신뢰를 얻기 위해 관리자들의 진지한 성찰이 요구된다. 다음 질문에 응답해 봄으로써 자신이 얼마나 신뢰받고 있는지 체크해보자.

□ 나는 우월한 위치에 있는 사람이기 때문에 상황에 따라 상대에게 새로운 정보를 감춘다(R).

□ 나는 결정이 내려진 방식이나 이유를 알리지 않고 실행한다(R).

□ 나는 팀원의 성과와 발전 필요성에 관하여 나의 우려와 관찰한 사항을 솔직하고 숨김없이 공유한다.

□ 나는 종종 새로운 우선순위가 이전의 약속보다 우선한다(R).

□ 나는 다른 사람의 생각이나 팀원들이 마무리한 일을 신뢰하지 않는다(R).

□ 나는 팀원의 우려를 최소화하거나 그들의 우려가 다른 우선순위보다는 덜 중요하다고 설득하려 애쓴다(R).

□ 나는 팀원들에게 물어보거나 알리지 않고 팀원들을 대신해 보상과 기회를 협상한다(R).

□ 나는 모두가 의견을 내고 그 의견이 경청 되도록 노력한다.

□ 나의 팀원 중 일부는 나보다 더 지식이나 경험이 많다.

□ 나의 팀원들은 종종 나의 입장이나 결정에 도전하거나 반대한다.

* (R)은 역 문항. 즉 점수가 낮을수록 좋다는 의미

　

자신의 행동을 성찰하는 신뢰도 평가는 자기진단이다. 관리자로서 자신의 행동이 신뢰 형성에 도움이 된다고 판단하면 조직의 사회적 자본을 키우는 데 도움이 되는 행동을 하고 있다고 볼 수 있고, 그 반대라면 조직의 사회적 자본을 키우는 데 방해가 되는 행동을 하고 있다고 판단할 수 있다. 그동안은 전문성을 갖춘 유능한 사람이 좋은 관리자였다면 앞으로는 구성원들과 신뢰를 형성하고 조직 내 사회적 자본을 축적하는 사람이 훌륭한 관리자이다. 사회적 자본을 축적하기 위한 관리자 행동 체크 리스트를 살펴보자. 그리고 주변 사람들과 자신

이 체크한 항목과 그렇지 못한 항목에 관해 이야기를 나누어 보자.

☐ 서로에 대한 기대를 명확히 하고 있다.

☐ 현황을 알려주고 앞으로 어떤 일이 일어날지 예정 사항을 공유하고 있다.
    – 사람들에게 자신이 아는 것과 모르는 것, 자신이 지지할 수 있는 것과 없는 것을 말해준다.

☐ 일관된 원칙을 전달하는 편이다.
    – 자신의 원칙, 우선순위, 의사결정 과정을 공유한다.

☐ 자신의 행동에 대해 타당한 설명을 제시한다.
    – 자신이 원하는 것과 우선순위가 현재 상황에 부합하도록 노력하라. 자신의 행동 변화와 원래 원칙 간의 불일치를 설명한다.

☐ 솔직하면서도 재치 있는 피드백을 제공한다.

☐ 현실성이 있는 약속을 한다.
    – 지지 의사를 표현하고 실제로 돕겠다는 약속으로 뒷받침한다.

☐ 계획의 변경 사항을 설명한다.

☐ 매듭을 분명히 맺는다.
    – 자신이 약속을 지켜왔으며 하겠다고 말한 것은 실천했음을 알린다.

☐ 항상 아이디어 제공자와 팀원의 성과를 인정한다.

☐ 자기 능력의 한계를 인식하고 인정한다.

관리자는 구성원들로부터 신뢰받을 때 비로소 자기의 역할을 제대로 수행할 수 있다. 물론 과거에도 그랬다. 그러나 과거에는 관리자가 가진 힘과 권력으로 상대방을 누를 수가 있었다. 물론 이것은 지금도 어느 정도 가능하다. 수많은 조직에서 수많은 관리자가 이런 방식으로 살아가고 있는 것도 사실이다. 그러나 Zoomer들이 조직 내에 유입되기 시작하면서부터 지속 가능한 일일지는 장담할 수 없다. Zoomer들과의 소통은 제도화될 때 가능하고 제도화가 정착되면 신뢰가 생긴다. 그때 비로소 진정한 대화가 가능함을 기억해 두자.

　　　　　　　　　　　　　　　　　2. 어떻게 소통할 것인가

당신이 생각하는 당신 자신의 모습은 실제 당신과 다르다.

그런데 당신의 생각이 바로 자신이다.

- 노먼 빈센트 필 -

3
Zoomer를 성장시키는 관리자의 코칭 스킬

배운 것을 실천해 보려고 했으나 단칼에 거절당한 김대명 차장은 한동안 충격에 빠졌다. 교육에서 배운 대로 코칭받은 대로 대화를 시도하면 작은 효과라도 있을 것이라 기대했으나 허사였다. 어디서부터 잘못된 일인지 감조차 잡을 수 없었다. 물론 이대로 씨를 불러서 억지로 대화를 시도해 볼 수도 있었다. 관리자로서 차 한잔하면서 그동안 하고 싶었던 얘기를 하고 애로 사항은 없는지 무엇을 지원해 주면 좋을지를 묻는 것이 문제가 될 일은 아니었다. 그런데 김대명 차장은 그렇게 하지 않았다. 이 상황이 자존심이 상한다고 생각했다. 만약 본인이라면 아무리 바빴다고 할지라도 30분이나 1시간 후에 차 한잔하겠다고 대답했을 것 같았다. 회사 일이 아무리 바빠도 자기 상사가 차 한잔하자는 제의를 일언지하에 거절한단 말인가. 결국 나랑 차 한잔하는 일도 귀찮고 싫다는 뜻이 아닌가, 괘씸한 생각까지 들었다.

혼란에 빠진 김대명 차장은 곰곰이 생각했다. 내가 수강한 교육이 현실과 안 맞는 것이 아닌가, 코칭의 철

3. Zoomer를 성장시키는 관리자의 코칭 스킬

학이나 기본 스킬이 강의장 안에서만 통하는 것이 아닌가 하는 회의감이 들었다. 분명히 교육받거나 코칭받는 과정에서 가슴을 울리는 감동도 있었고 저렇게 하면 될 것 같다는 확신도 들었는데 어떻게 된 일일까. 한동안 고민을 하던 김대명 차장은 용기를 내어 약 8주간에 걸쳐 자신을 코칭해 주었던 고대수 코치에게 전화를 걸었다. 다행히도 고대수 코치는 선뜻 시간을 내주겠다고 했고 다음 주점심시간에 근처 커피숍에서 그를 만날 수가 있었다.

처음에는 서로의 근황을 묻는 '근황 토크'부터 시작되었다. 어느 정도 워밍업이 끝나자 김대명 차장이 자신의 애로사항을 꺼냈다. 김대명 차장은 이대로 씨에게 차 한잔 마시자는 면담을 제안했다가 보기 좋게 거절당한 얘기부터 시작해서 이래서는 올해 성과를 낼 가능성이 없다는 얘기까지 털어 놓았다. 고개를 끄덕이면서 김대명 차장의 얘기를 주의 깊게 듣고 있던 고대수 코치가 질문을 했다.

"혹시 코칭에서 가장 중요한 원칙이 무엇이었는지 기억나시나요?" 갑자기 질문을 받은 김대명 차장의 머릿속이 하얘졌다. "아, 그게… 글쎄요. 음… 경청과 인정, 질문과 피드백 같은 것 아니었던가요? 저는 근데 그런 걸 써먹어 보지도 못하고… 허허허." 그러자 고대수 코치가 맞장구를 쳤다. "와우, 그것을 기억하시다니 정말 열심히 코칭 공부를 하셨네요." 김대명 차장은 고대수 코치의 갑작스러운 인정과 칭찬에 내심 이게 아니고 다른 뭔가 있었는데 하는 생각과 함께 쑥스럽다는 생각이 들었다.

고대수 코치가 다시 물었다. "혹시 상대방 관점이란 것 기억나세요?" 김대명 차장은 갑자기 허를 찔린 기분이었다. "아, 맞아요~ 그것이었네요. 그게 시작이었던 것 같네요. 왜 이제야 생각이 나지?" 고대수 코치는 다시 김대명 차장을 격려하는 말을 이어갔다. "아니에요~ 지금이라도 생각해 낸 게 대단한 거죠. 그렇다면 지금 여기서 이대로 씨를 만난다면 어떻게 다르게 할 수 있을까요?" 칭찬과 격려에 뒤이어 곧바로 질문이 날아왔다. 김대명 차장은 고대수 코치의 질문을 얼른 받아넘기며 이렇게 대답했다. "아 그럼, 이대로 씨가 저의 차 한 잔 제의를 거절했을 때 제가 기분 상할 일이 아니란 거네요?" 고대수 코치가 대답했다. "아뇨, 차장님 입장에서는 기분이 상하실 수도 있어요. 제 질문은 그런 상황에서 어떻게 다른 행동을 선택할 수 있었을까를 생각해 보자는 겁니다." 그러고는 다시 질문을 했다. "어떤 다른 행동이 가능할까요?" 김대명 차장은 또다시 머리가 하얘진 느낌이 들었다. 다행히도 고대수 코치는 기다려 주었다. "'음… 오늘은 이대로 씨가 아주 바쁘군요. 그럼 꼭 오늘 아니라도 괜찮은데, 내일도 좋고 본인이 편한 시간을 얘기해 줄래요?'라는 말을 할 수 있을 것 같은데요." 김대명 차장은 생각나는 대로 얘기했을 뿐인데, 바로 고대수 코치의 칭찬이 들려왔다. "역시 차장님 대단하세요~ 배운 내용을 바로바로 기억해 내시고 상황에 맞게 금방 적용도 하시네요~." 김대명 차장은 대답했다. "감사합니다. 그런데 제 답변이 맞는 건가요?" 고대수 코치가 환하게 웃으면서 대답한다. "그럼요, 제가 보기엔 정말 멋진 표현이었어요. 차장님 생각은 어떠세요?" 속으로 엄청 기분이 좋았으면서도 김대명 차장은 멋쩍게 웃고 말았다. 그러자 고대수 코치가 간단하게 설명을 덧붙인다. "방금 하신 말씀이 상대방 관점으로 생각하고 말하기, 상대방이 선택하도록 하기 두 개를 동시에 실천하신 거예요. 그런 면에서 최고의 표현을 하신 거지요. 그런데, 이대로 씨에게 차 한잔하면서 정말로 말씀하고 싶었던 내용이 뭐예요?"

이제 뭔가 본론으로 들어가는 느낌이 들었다. "실은, 우리 부서 이대로 씨가 좀 이기적인 사람이에요. 자기 일밖에 모르고 자기 일 이외에는 하려고 하질 않아요. 당연히 참석해야 할 부서 회의도 시간 낭비라고 참석하지도 않고요, 정각 6시가 되면 칼퇴근은 하면서 다음 날 오전 9시까지 보고하기로 된 보고서는 마무리도 안 되어 있고요… 하도 많아서 다 얘기하기도 어려운데 아무튼 차 한잔 마시면서 이대로 씨가 겪고 있는 애로사항을 들어보려 했었어요. 코치님 말씀을 들어 보니까 처음에 어떻게 어프로치를 해야 하는지는 알겠네요. 그런데 다행히 어프로치가 잘 된다고 하더라도 제가 불만을 느끼고 있는 이대로 씨의 행동을 고칠 수 있을까요?" 불만에 가득 찬 목소리로 김대명 차장이 물었다. 그러자 고대수 코치는 되물었다. "김대명 차장님은 어떻게 생각하세요? 가능할까요? 어려울까요?" '아 그걸 몰라서 물어보는 건데.'라는 생각이 들었지만, 김대명 차장은 얼떨결에 대답한다. "글쎄요, 저도 잘 모르겠어요. 어디서부터 어떻게 내가 가진 불만을 얘기하면 좋을지…" 다시 고대수 코치의 질문이 시작되었다. "차장님은 이대로 씨를 코칭하는 목적이 뭐라고 생각하세요? 왜 이 일이 본인에게 그

3. Zoomer를 성장시키는 관리자의 코칭 스킬

렇게 중요한 걸까요? 코칭이 잘 되고 나면 무엇이 달라질까요?"

　　그날 김대명 차장은 고대수 코치와의 대화를 통해 확실하게 깨달을 수 있었다. 본인이 받은 코칭 교육은 강의장 안에서 이루어진 '안전한' 모델이었다는 것을. 자신이 코칭을 너무도 '안일한' 도구로 생각했다는 것을. 진짜 코칭은 이제부터 시작이라는 생각이 들었다. 김대명 차장은 비로소 이대로 씨를 자신과 유사한 M세대가 아니라 자신과 많이 다른 Zoomer라고 인정하기 시작했다.

Chapter 1

가르치지 말고
슈퍼 리더를 키워라

　사람이 사람을 가르칠 수 있을까? 지금까지는 가능했었다. 특히 '업무를 수행하는 방법'에 관하여 사람은 사람을 가르칠 수 있었다. 업무를 수행하는 방법에 관한 한 가장 유명한 원칙이 3S이다. 제품 및 작업의 단순화 Simplification, 품질과 부품의 표준화Standardization, 기계, 공구의 전문화Specialization를 일컬어 3S라고 불렀고, 이것이 저

유명한 포드 시스템의 대량생산 방식이었다. 단순화는 재료, 부품, 제품의 형상과 치수와 같이 불필요하다고 생각되는 것을 줄였다. 전문화는 기업에서 생산하는 물품의 종류를 한정하고 그 분야에 특화된 생산체제를 만들었다. 표준화는 일정한 기준을 정하여 그에 따라야 하는 규칙을 만들었다. 표준화로 제품의 규격이 나오고 이 규격으로 단기간에 대량의 표준제품을 만들어서 공급할 수 있었다. 대량생산체제에서 효율성과 경제성보다 중요한 원칙은 없었다. 이러한 3S의 원칙은 지금도 유효하다.

코로나 팬데믹 이후에 번성하기 시작한 프랜차이즈 배달 사업을 떠올려 보자. 배달 음식의 종류를 몇 가지 이내로 한정하는 것은 단순화에 해당하는 것이고 특정 음식을 선택하여 최고의 맛을 내는 데 집중하는 것은 전문화이며 조리 시간을 규정하고, 조리 방법을 순서에 따라 정해 놓은 레시피를 제작하며, 배달 시간 단축을 위한 매뉴얼을 만들고 준수하는 것은 표준화가 된다. 제조업 전성시대에는 생산관리를 위한 3S가 관리업무의 거의 전부였고, 서비스업이 주력산업으로 부상한 현대에 와서는 운영관리를 위한 3S가 그 중심에 자리를 잡고 있다.

만약 우리가 수행하는 업무가 단순화, 전문화, 표준화를 거쳐서 완전히 자동화된다면 여전히 사람을 가르칠 수 있을까? 가르친다면 무엇을 가르치고 어떻게 가르칠 수 있을까? 쉽게 답변할 수 있는 사람은 없을 것이다. 그런데 수십 년 전부터 자동화는 대세가 되어 왔다. 공장 자동화Factory Automation의 수준은 단순히 자동화의 단계를 넘어서 로봇이 인간의 노동을 거의 다 대체하고 있다. 가정 자동화Home Automation 역시 가사노동을 상당한 수준까지 대체해 나가고 있다. 사무 자동화Office Automation는 어디까지 왔을까. 사람이 하는 문서 작업, 계산 작업 등 거의 모든 작업이 컴퓨터로 자동화된 지는 이미 오래되었다. 이제 우리는 Open AI에서 만든 대화 전문 인공지능 챗봇과 자연스러운 대화를 함은 물론이고 챗봇이 수준 높은 연설문까지 작성하는 시대에 살고 있다.

기계가 인간의 노동을 대체한다는 개념을 촉발한 것이 산업혁명의 시발점이라고 한다면 이제 우리가 향유하는 산업혁명은 기계가 인간과 대화하는 단계까지 온 것 같다. 단순하고 반복적인 노동은 더 이상 인간의 몫이 아니라 기계가 주인이 되었다. 이런 상황에서는 사람이 사람을 가르치기 어렵다. 정확히 말하면 과거에 만들어진 매뉴얼을 가르칠 이유는 없다. 매뉴얼대로만 하면 인간의 노동을 대체해 줄 기계가 이미 존재하고 있고 급속도로 발전하고 있다. 과거의 경험을 있는 그대로 가르칠 필요도 없다. 미래의 세상은 과거를, 있는 그대로 재현하는 세상이 아니기 때문이다.

인지과학이 우리에게 말하는 진실은 이렇다. 지금, 이 순간 우리가 살고 있는 세상은 '하나'가 아니다. 같은 공간에서 같은 이야기를 나누고 같은 음식을 먹고 있어도 우리가 인식하는 현실은 전혀 같지 않다. 다시 말하자면 누구에게나 통용되고 인정받을 만한 '보편타당한 인식' 따위란 존재하지 않는다. 각자 자신의 어둑한 두개골 안에서 자신만의 영화를 보면서 살아간다. 이는 뇌가 작동하는 메커니즘을 밝혀낸 수많은 연구로 입증되었다.

동일한 시간에 동일한 공간에서 동일한 제조사에서 만든 라벤더 향수를 맡게 해도 각자가 떠올리는 기억이 다르다고 한다. 어떤 이는 고향의 평화로운 언덕을 떠올리고 다른 이는 과거에 연인과 이별했던 장소를 떠올린다. 사람의 뇌는 외부 세계와 접촉한 감각기관이 전달한 자극을 전기 신호로 변환하고 해석할 뿐, 그 이유나 원인을 묻지 않는다! 뇌가 인식하는 전기 자극은 그런 역할을 수행할 뿐이지 특별한 의미가 있는 것이 아니다. 그뿐만 아니다. 매분 매초 뇌가 처리해야 하는 정보가 엄청나게 방대하기 때문에 뇌는 정보 과부하를 회피하기 위하여 스스로 정보를 요약하고 '편집'하며 자신만의 일관성을 유지한다. 그러므로 사람들이 인식하는 현실은 하나가 아니다. 사람들은 입력되는 정보를 저마다 다르게 여과하고 다르게 해석하고 어떤 사람에게는 중요한 정보가 다른 사람에게는 전혀 중요한 정보가 아니다. 이것을 '여과장치'라고 부른다. 이 여과장치로 인해 인간의 개별성은 불가피하고, 사람들이 각자 살아온 사회 문화적 배경이 여과장치에 중대한 영향을 미치게 된다.

누군가를 가르친다는 것, 그래서 어렵다. 과거에 단순화, 전문화, 표준화된 세상을 살았던 사람들에게 누구나 배워야 할 지식은 엄연히 '객관적'으로 존재했다. 그런 사람들에게 가르침이란 객관적으로 존재하는 지식을 전달하는 사람이 있고 그것을 수동적으로 배워야 할 사람이 있다는 전제가 성립되었다. 그래서 가르침은 윗사람의 덕목이고 배움은 아랫사람들의 윤리가 될 수 있었다. 누군가의 가르침을 통해서만 사람들은 성장하고 자신의 직업을 유지할 수 있었다. 그런데 인간의 생존과 편의를 위해 발전해 왔던 과학과 기술은 우리에게 불편한 진실까지도 알려주고 말았다. 누군가를 가르친다는 것 역시 가르치는 사람의 '사회 문화적 여과장치'가 작동할 뿐이라는 사실이다. 우리 두개골 안의 뇌는 자신이 보고 싶은 것만 선택적으로 보고 있을 뿐이었다. 이 불편한 진실을 알았다고 해도 문제는 간단하지 않다. 진실을 알았다 하더라도 사람들은 곧바로 그 진실에 부합되게 행동하지는 않는다. 한번 만들어진 뇌 속의 회로는 '사회 문화적 여과장치'를 쉽게 바꾸질 못하고 과거의 행동을 되풀이한다!

그렇다면 답이 없는 걸까. 어떤 면에서는 그렇다. 그러나 모든 것을 일거에 해결해 줄 수 있는 정답을 찾는 것이 아니라면 우리가 시도해 볼 만한 방법은 있다. 바로 슈퍼 리더십이다. 슈퍼 리더십이야말로 관리자의 코칭 필살기 첫 번째 기술이다. Zoomer와 함께 일하는 M세대 관리자라면 본격적으로 슈퍼 리더십을 공부하고 준비해 두자.

'슈퍼 리더십'의 사전적 정의는 이렇다. "조직 구성원이 스스로 자기 자신을 이끌어 갈 수 있도록 리더가 영향력을 발휘하는 리더십" 여기서 키워드는 첫째, '조직 구성원이 스스로 자기 자신을 이끌어 가는'이다. 이것을 다른 말로 표현하면 '셀프 리더십'이라고 한다. 맨즈Manz 에 의하면, 셀프 리더십이란 '자기 스스로 리더가 되어 자신을 이끌어 가는 리더십'이다. 이미 1990년대 초에 나온 리더십 이론이지만 Zoomer들을 이끌어 가는 데 가장 잘 어울리는 리더십이 아닐 수 없다. 온전하게 디지털 시대에 태어나서 온전하게 디지털 환경에서 자란 Zoomer들이야말로 자기 스스로 리더가 되어 자신을 끌어 나가야 할 세대이다. 여기서 가장 중요하게 등장하는 개념이 '자발성'이다. 자기중심성이 강한 세대들에게 자발성을 최대로 끌어낼 수 있도록 도와줄 수 있다면 이보다 더한 리더십이 또 있을까.

두 번째 키워드는 '리더가 영향력을 발휘하는 리더십'이다. 자기중심성이 강한 세대라고 해서 내버려 두어도 좋다는 뜻이 아니다. 자기중심성이 강한 세대 안에 잠재된 자발성이라는 에너지를 끌어내는 역할을 누군가 해야 한다는 뜻이기도 하다. 결국 관리자나 리더의 역할이 변화된 셈이다. 과거에는 자기 지식과 경험을 가르치고 전수하는 것이 관리자의 주된 역할이었다. 그러나 슈퍼 리더십에서는 구성원들이 알아서 움직이도록 영향력을 발휘하는 것이 주된 역할이 되어 버렸다. 전자보다 후자가 훨씬 어렵다. 전자는 내가 아는 범위 내에서 지식과 경험을 전수하고 그래도 부족하다 싶으면 교육기관에 보내서 좋은 내용을 체계적으로 배워오라고 시키면 되는 일이었다. 그런데 이제는 구성원들이 알아서 움직이도록 영향력을 발휘하라니 도대체 무슨 뚱딴지같은 소린가 한다. 무슨 말인지 이해하기도 어렵고 구체적으로 무엇을 어떻게 해야 할지 모를 때, 사람들은 과거의 방식으로 회귀한다. 그래서 자꾸 가르치려 든다. 그것이 편하기도 하지만 자신이 아는 유일한 방법이기 때문이다.

그렇다면 슈퍼 리더십에서 말하는 영향력을 발휘하는 방법은 무엇이고 구체적으로 어떻게 하란 얘기일까? 가장 중요한 원칙 한 가지만 이론에서 인용하고 나머지는 필자의 경험을 공유하고자 한다. 우선 슈퍼 리더십 이론에서 말하는 영향력 발휘의 첫 번째 방법은 리더 먼저 셀프 리더가 되라는 것이다. 리더 자신이 셀프 리더십을 이해하고 실천하는 모습을 보이지 않으면서 조직 구성원들에게 셀프 리더십을 발휘하라는 요구는 먹혀들지 않는다. 이것은 동양고전에서 자주 강조하는 솔선수범의 정신과 맞닿아 있다. 리더 스스로 역할모델Role Model이 되지 않는데 어떻게 다른 사람들에게 영향력을 미칠 수 있겠는가. 그렇다면 구체적으로 어떤 행동을 하면 리더 스스로 셀프 리더가 될 수 있을 것인가.

(1) 자기관리 전략을 통해 스스로 자기 행동을 통제하고 조정하는 모습을 보여야 한다.

  – 자기관리 전략에는 자기 목표 설정, 자기관찰, 자기 보상, 자기비판 등이 포함된다.

  – 다른 사람에게 일을 시키는 사람이란 이미지를 탈피하기 위해서는 리더 스스로 달성해야 할 단기목표, 장기목표를 수립하고 우선순위가 무엇인지를 알려야 한다. 그리고 나서 자신

이 목표 달성을 위해 애쓰는 노력을 모니터링(자기 관찰)하고 잘한 점을 스스로 칭찬하거나 합당한 상을 제공하고(자기 보상), 잘못한 점을 냉철하게 분석하여 실패의 원인을 분석하는 모습(자기비판)을 보여야 한다.

(2) 합리적인 정보처리 전략을 통해 난관을 극복하는 모습을 보여야 한다.

- 정보처리 전략에는 자연적 보상, 긍정적 사고 능력이 포함된다.
- 아무리 사소한 목표라도 달성 후의 성취감을 느끼는 것은 중요하다. 물질적 보상은 성취감을 느끼는 데 상당히 중요한 요소가 되지만 목표 달성 과정에서 성취감을 느끼는 자연적 보상, 내재적 보상을 느낄 수 있도록 해야 한다. 또한, 어려운 상황을 극복하는 과정에서 만나는 장애물을 위협으로 느끼지 말고 기회로 인식하는 태도가 필요하다. 리더가 경험하는 자연적 보상, 긍정적 사고가 구성원들에게 그대로 전해질 것이다.

두 번째로 필자가 강조하는 영향력 발휘 전략은 관

계 구축Relationship Building이다. 구성원들이 기대하는 리더의 역할은 뛰어난 개인적 전문성이나 실력이 아니다. 물론 리더가 특정 분야에 깊은 전문성을 가지고 있다면 당분간 존경심을 가질 수도 있을 것이다. 그러나 그 존경심은 리더십에 대한 존경심이 아니다. 전문 분야에 대한 존경심이다. 구성원들이 리더에게 거는 가장 중요한 기대는 막힌 곳을 뚫어주는 능력이다. 한 개인이 아무리 뛰어난 능력을 갖췄다 하더라도 살다 보면 벽에 부딪히게 마련이다. 벽 중의 벽은 사람이다. AI나 로봇이라면 절대하지 않을 비이성적 사고와 이해할 수 없는 행동을 사람들은 한다. 특히 관리자라는 부류의 사람들은 자주 한다. 그때 슈퍼 리더는 '관계 구축' 능력을 발휘해야 한다.

(1) 다른 부서나 외부 업체를 만나서 설득하거나 협상하는 능력을 보여야 한다.

   – 설득과 협상 전략에는 중요한 원칙을 지키는 능력, 상대방을 적으로 만들지 않으면서 핵심 이익을 챙겨오는 능력이 포함된다.

- 상대방을 설득하는 데 성공하거나 성공까지 못 했더라도 중요한 원칙만은 고수했다는 확신을 구성원들에게 보여 주어야 한다. 또한, 상대방과 줄 것은 주고, 받을 것은 받아오는 모습을 보여 주어야 한다. 일방적 패배가 구성원들을 동기부여 하지 못하듯이 일방적 승리가 항상 중요한 것은 아니다. 공정하고 합리적이라는 느낌이 중요하다.

(2) 리더의 상사 관리 전략은 구성원들이 관찰하고 있다. 유능한 모습을 보여야 한다.
- 리더가 자신의 윗사람에게 신뢰받는 모습, 쉽게 결재를 받아내는 능력 등이 포함된다.
- 리더가 자신의 윗사람과 신뢰를 구축하고 생산적인 관계를 구축하면 아랫사람은 일하기 수월함을 인식하라. 그 모습을 본 Zoomer들은 자신도 모르게 리더들과도 좋은 관계를 맺을 가능성이 높다. '사회 문화적 여과장치'가 저절로 만들어져 간접 학습이 된다.
- 리더가 자신의 윗사람에게 쉽게 결재를 받아오는 능력만큼 결정적 장면은 없다. 특히 Zoomer들에게 자신이 기안한 내

용이 인정받았다는 성취감을 안겨 줄 것이다.

세 번째로 필자가 강조하는 영향력 발휘 전략은 고상한 목표에 도전하는 것Challenge to nobler goals이다. 여기서 말하는 '고상한'이란 단어의 의미는 두 가지이다. 하나는 높은 목표라는 뜻이고 또 다른 하나는 새로운 목표라는 뜻이 포함되어 있다. 단순히 목표가 높다고 하면 힘든 목표라고 인식하기 쉽기 때문에 반드시 새로운 목표라는 뜻이 포함되어야 한다. 리더가 회사에 잘 보이기 위해서 무작정 높은 목표를 설정한다는 것은 공감받기 어렵다. 또한 리더가 단순히 남들에게 보여주기 위해 새로운 것을 시도하는 것도 구성원의 수용성이 낮을 것이다. 그러면 목표가 높으면서도 새롭다는 것은 어떤 의미를 내포하고 있을까. 그것은 바로 '한번 해 보고 싶은 목표'를 설정한다는 것이다. 그동안 해 보고 싶었는데 실패가 두려워서, 해 보고 싶었는데 엉뚱한 소리 한다고 욕먹기 싫어서 주저하고 있었는데 리더가 앞장서서 고상한 목표를 설정해 보자고 제안한다? 이거야말로 Zoomer들의 자발성과 동기를 자극하는 기폭제가 된다.

(1) **실패해도 좋다는 것을 강조하는 모습을 보여야 한다.**

 - 의미 있는 실패를 장려한다는 점을 강조, 때에 따라서는 의미 있는 실패를 보상한다는 것도 포함해야 한다.
 - 모든 업무 목표에 적용할 필요는 없다. 그러나 1년에 한 개 정도는 실패할 가능성이 있는 프로젝트를 추진하고 그 과정에서 무엇을 배웠는지 다음에 어떻게 더 잘할 수 있는지 학습 포인트를 잡아내도록 격려하는 모습을 보여야 한다.

(2) **미래에 대비하기 위한 목표를 보여야 한다.**

 - 리더가 현재에 안주하고 있다는 인상을 탈피할 것, 리더가 먼저 실천하고 있다는 모습을 보이는 것이 포함된다.
 - 현실에 안주하고 있는 리더에게 배울 것은 없다. 적극적으로 미래에 대해 배우고 고민하고 함께 만들어 가자는 액션을 보여줄 필요가 있다. 미래에 등장할 신기술이나 신문화를 먼저 수용하고 활용하는 모습을 보여줄 필요가 있다.

기억하자. 슈퍼 리더는 가르치는 사람이 아니라 보여 주는 사람이다. Zoomer들은 그런 리더를 관찰하고 학습한다. 그리고 스스로 성장한다.

Chapter 2

약점 말고
강점을 발견하라

　세상이 바뀌었다는 것이 단순히 과학과 기술이 발전했다는 의미만이 아니다. 더 이상 표준화된 지식과 기술을 사람들에게 가르칠 필요가 없는 세상이 되었다는 뜻이다. 표준화된 지식과 기술은 인공지능 기반의 로봇이 대체할 수 있으므로 우리는 힘써 배우지 않아도 된다. 그렇다면 사람이 해야 할 일이란 무엇인가? 이것을 발견

　　　　　　　　3. Zoomer를 성장시키는 관리자의 코칭 스킬

하면 기계에 의한 노동의 대체는 걱정할 문제가 아닐지도 모른다. 적어도 상당 기간은 기계(인공지능 기반의 로봇을 포함한)가 하지 못하는 인간만의 재능이 여전히 필요한 시대가 지속될 것이기 때문이다.

사람이 해야 할 일은 바로 창의성과 자율성이다. 창의성이란 다름 아닌 다른 사람과 구별되는 능력이다. 다른 사람과 구별되는 성격적 특성은 물론이고 다른 사람들이 그동안 생각하지 못했던, 다른 사람들이 시도하지 못했던 어떤 독특한 '행동'을 말한다. 창의적인 사람들은 자기가 속한 집단에서 권장하는 '표준화된' 행동에서 벗어난 행동을 하므로 '기인'이나 '괴짜'로 분류되기도 한다. 발명왕 에디슨이 달걀을 부화시키기 위해 헛간에서 달걀을 품고 있었다는 이야기를 누구나 알고 있을 것이다. 어미 닭이 달걀을 부화시키기 위해 달걀을 품고 있었던 것을 본 에디슨은 사람은 왜 안 될까를 실험해 보고 싶었다. 보통 사람들은 '사람은 원래 안 되는 것이야.'라고 상식적으로 알고만 있었을 텐데 에디슨은 '정말로 그럴까?' 해 봐야 직성이 풀리던 사람이었다. 창의성이란 이처럼 '보통의 사람들'에게는 비정상적 행동을 뜻한다.

또 자율성이란 '누가 시키지 않아도 자발적으로 행동하는 경향'이 높은 것을 말한다. 보통 사람들은 누가 시켜야 움직이는 성향이 강한데 자율성이 강한 사람은 스스로 생각하고 스스로 판단하고 스스로 결정해서 행동하는 패턴을 자주 보인다. 이처럼 스스로 동기 부여된 Self-Motivated 사람들은 독립적으로 생각하고 판단할 가능성이 높다. 어떤 전통적인 생각이나 습관에 구애받지 않고 알아서 움직일 가능성이 높다.

Zoomer들에 대한 관리자들의 오해는 여기서 비롯된다. 본인들 역시 창의성과 자율성을 무척이나 중요하다고 생각하지만 막상, Zoomer들이 보여주는 행동이 창의성과 자율성에서 나온다고 생각하지 못한다. 생각과 행동의 괴리가 발생한다. 이유는 그들이 오랜 시간 조직

생활에 '적응'하면서 발전시킨 '사회 문화적 여과장치'가 작동하기 때문이다. 리처드 도킨스는 이것을 밈$_{Meme}$이라고 명명하였다. 자기 스스로를 복제하여 세대를 이어 자기를 보존하는 생물학적 존재를 DNA라고 하는 것처럼 자신이 배운 지식이나 문화를 복제하여 세대를 넘어 전수하는 것을 밈이라고 한다. DNA처럼 밈도 자기복제 과정을 거치기 때문에 전통이나 문화가 전승된다. 자기복제란 자기가 생각하는 대로 복제되는 것이 아니라 하나의 유전자처럼 자동으로 복제되기 때문에 자기 말과 행동이 상대방에게 어떻게 전승되는지 의식하지 못할 수도 있다.

디지털로 무장한 Zoomer들은 자신들과 유전자가 다른 기성세대들의 은밀한 자기복제 시도를 완강히 거부한다. Zoomer들이 보여주는 몸짓은 기성세대들에게 거부와 저항으로 보인다. 이 거부와 저항의 몸짓을 수용과 순종으로 바꾸려는 시도가 전통적 의미의 '교육'이다. 만약 이런 형태의 교육적 시도가 계속된다면 그 관리자

혹은 그 관리자가 속한 조직은 '실패'할 것이다. 새로운 시대에 '적응'하는 것에 실패함은 물론이고 인간의 본질에 대한 이해에 도달하는 데 실패할 것이다.

자신에게 면면히 전승해 온 습성을 버리는 것은 물론 어려운 일이다. 그럼에도 불구하고 인간에게는 자신을 객관적으로 바라볼 수 있는 능력이 있다. 이러한 자기 객관화 능력을 가동하는 것이다. 자신의 강점과 약점을 있는 그대로 지그시 바라보는 능력을 발휘하는 것이다. 자기 내면을 응시하는 계기를 마련하고 그를 통해 자신의 강약점을 파악하기 시작하면 비로소 함께 일하는 Zoomer들의 강약점이 보이기 시작할 것이다.

이때가 결정적 순간이다. 약점보다 강점을 크게 보라. 약점보다 강점을 더 중요하게 보라. 이 또한 우리가 전통적으로 알고 있는 습성과는 배치된다. 우리는 전통적으로 '문제'를 발견하고 '문제'를 해결하는 데 익숙하다. 문제라는 말속에 이미 '잘못된 것', '이상적 상태에서 벗어난 것'이란 의미가 내포되어 있다. 표준적이고 이상적

3. Zoomer를 성장시키는 관리자의 코칭 스킬

인 상태가 있는데 거기로부터 이탈된 상태라는 전제가 숨어 있다. 이탈된 상태를 원래의 바람직하고 이상적인 상태로 되돌려 놓는 것, 이것이 우리가 할 일이고 그것을 잘할 수 있도록 하는 것이 '교육'이었던 것이다.

그러나 성장과 발전을 희구하는 사람들에게는 단순히 바람직한 상태로 돌아가는 것이 그렇게 중요하지 않다. 도대체 '바람직한 상태'라고 규정된 세상이 처음부터 존재했단 말인가. 그 바람직한 상태라고 하는 것부터 누군가가 과거의 필요에 의해서 정해진 것이 아니던가. 오히려 세상은 그 바람직한 상태를 바람직하지 않다고 주장하던 사람들에 의해 변화하고 발전해 온 것이 아닌가. 태양이 지구를 도는 것이 아니라 사실은 지구가 태양을 돈다고 했던 사람은 누구이며 네모나게 보였던 지구를 둥글다고 주장했던 사람은 누구인가.

눈에 보이는 세상이 전부는 아니다. 눈에 보이는 세상에 의문을 품고 반대로 생각해 볼 수 있어야 기회가 있다. 그건 옛날이나 지금이나 마찬가지다. Zoomer들의 행동을 약점으로 볼 것이 아니라 강점으로 보고 그 강점을 적극적으로 활용하도록 해야 하는 이유다. 이것이 관리자의 코칭 필살기, 두 번째이다.

『위대한 나의 발견, 강점 혁명』은 그동안 약점을 수정하고 보완하는 데 노력을 기울였던 우리에게 신선한 충격을 가한다. 약점을 수정하고 보완하는 데 성공한다고 하더라도 기껏해야 손실을 줄이거나 피해를 줄일 수 있을 뿐 성장과 발전으로 나아가지 못한다고 한다. 오직 강점을 개발하고 활용함으로써 우리는 더 큰 성취나 발전을 도모할 수 있다. 더구나 강점은 누구나 보유하고 있는 것인데 아직 발견하지 못하고 있거나 발견했으나 개발하지 못하고 있을 뿐이라고 주장한다. 여기에 기반한 진단 도구가 '클리프턴 스트렝스'이고 현재 전 세계적 반향을 불러일으키고 있다.

클리프턴 스트렝스가 제시하고 있는 강점은 총 34개

테마로 구성되어 있다. Zoomer들의 행동 특성과 관련하여 필자가 주목하고 있는 테마는 총 5개이다. 클리프턴 스트렝스 34개 테마 중에서 Zoomer들의 공통된 강점에 주목하여 관리자들이 코칭에 임하길 권하는 내용은 다음과 같다.

1) 개별화Individualization 테마

개별화는 세대 구분 없이 한 개인의 강점이기도 하지만 Zoomer들이 공통으로 가지고 있는 강점이기도 하다. 앞에서도 얘기한 바와 같이 그들은 집단주의를 거부한다. 집단 속의 개인이 아니라 한 개인의 생각과 의견을 있는 그대로 존중받길 원한다. 관리자들이 이 점을 강점으로 보느냐 약점으로 보느냐에 따라 Zoomer들과의 관계가 결정된다. 심지어 Zoomer들이 동일한 세대에 속한다는 사실이 인정된다고 하더라도 그들 개개인의 특성은 다르다는 점을 인정해야 한다.

세대는 세대고 개인은 개인일 뿐이다. 동일한 Zoomer 라고 하더라도 어떤 사람은 기획하는 일에 관심을 보일 수 있고 어떤 사람은 영업에 관심을 보일 수 있다. 어떤 이는 아침에 업무 능률이 오르고 다른 이는 오후나 저녁 에 능률이 오를 수 있다. 어떤 Zoomer는 게임을 통해 업 무를 수행하는 방법을 찾지만, 다른 Zoomer는 음악을 통해 새로운 접근 방법을 찾아낼 수도 있다. 그들의 공통 점은 각자가 가진 개성을 존중해 달라는 것이다.

그렇다면 관리자들이 개별화라는 강점을 가진 Zoomer들을 코칭하는 가장 효과적인 방법은 무엇일 까? 그들이 선호하는 방법을 통해 각자의 개성과 스타일 을 파악하는 것이 가장 중요한 일이다.

(1) Zoomer들 각각의 스타일을 파악하라.

 – 스타일은 행동 유형을 말한다. 어떤 상황에서 어떤 행동 패턴 을 보여주는가를 아는 것인데, 이것을 알면 상대방이 어떤 생 각을 하고 있는지 어떻게 하면 동기부여가 되는지 좀 더 손쉽

게 파악한다.

- 스타일을 파악하는 방법에 대해 관리자 혼자 고민할 필요는 없다. 요즘 유행하는 MBTI라는 성격유형을 분류하는 도구를 활용해도 좋고, DiSC라는 사고/행동을 동시에 파악하는 방법도 있다.

- 강점을 파악하는 직접적인 방법은 물론 클리프턴 스트렝스가 있고 상대방의 내적 동기 욕구를 알려주는 버크만 진단이라는 방법도 있다.

- 한두 가지를 믹스해서 사용하면 상대방을 좀 더 종합적으로 이해할 수 있다.

(2) Zoomer들의 독특한 경험을 경청하라.

- 동일한 시대를 살았다고 해서 같은 경험만 했을 리는 없다. 각자의 유전적 특성도 다르고 살아온 사회 경제적 배경도 다르다.

- 방법은 단순하다. 각자가 경험한 얘기를 할 수 있도록 분위기를 조성하라. 이때 들어야 할 것은 누구나 경험할 법한 일반적 내용이 아니다. 각 개인의 남과 다른 독특한 경험이 무엇

인가를 발견하는 것이다.

- Zoomer들은 자기 경험을 얘기할 뿐이지만 독특한 경험을 발견하는 사람은 관리자라는 것을 잊지 말아야 한다. 그러려면 독특한 경험을 발견할 수 있는 질문을 하라.

(3) 각자의 스타일과 독특한 경험을 업무와 연계시킬 방법을 연구하라.

- 각자의 스타일과 독특한 경험을 아는 것만으로는 불충분하다. 그것을 부서 업무와 어떻게 연결, 적용할 것인지를 고민해야 미래의 관리자이다.

- 부서의 특성과 관계없다. 물론 입사 초기에 업무 배치를 할 때는 각 개인의 강점과 연결되어 있는 부서 배치가 중요하고 필요하다. 그러나 부서 배치 이후에 어떻게 동기부여 할 것인가는 순전히 관리자의 몫이다.

- 어떤 부서에 배치되든 간에 거의 모든 부서에는 기획-관리-실행이라는 업무 과정을 거치게 되어 있다. 기획은 전략적, 분석적, 미래지향적 특성이 요구되고 관리는 신중함, 꼼꼼함, 성실함이 요구되며, 실행은 추진력, 유연함, 도전정신이 요

구된다. 동일한 부서, 유사한 업무군 내에서 우리는 얼마든지 강점을 발휘할 수 있도록 조절할 수 있다. 관리자에게 각 개인에 대한 세심한 주의와 관찰만 있으면 된다.

2) 발상Ideation 테마

아이디어 발상은 세대 구분 없이 각 개인의 강점이기도 하지만 Zoomer들이 공통으로 가진 강점이기도 하다. 이유는 간단하다. 그들은 기성세대가 경험하지 못한 디지털 경험으로 무장되어 있다. 그들은 아날로그 시대의 아이디어에는 무지하지만 디지털 시대에 맞는 해법에는 익숙하다. 그들에게 검색은 일상이고 SF는 현실이다. 디지털을 이용한 상상의 세계는 무한하다. 이론적으로도 이미 아인슈타인의 상대성이론이나 코펜하겐 해석이 보여주는 양자역학의 세계는 우주에 대한 우리의 생각을 뒤집어 놓았다. 기존의 아날로그적이고 뉴튼 역학에 갇혀 있는 기성세대의 생각을 그대로 수용할 이유가 없어졌다. 만약 우리의 아이디어가 수직적이고 권위적인 구조 안에 갇혀 있다면 더 이상 좋은 아이디어가 아닌 세상이 왔다. 그들이 가지고 있는 디지털적 강점을 활용해야 한다.

(1) 셀프 한계를 설정하지 않는 것이 가장 중요하다.

- 사람들은 대부분 제한적 신념(Limiting Belief)에 갇혀 있다. 제한적 신념이란 '내가 더 이상 뭘 할 수 있겠어?' 또는 '나는 아마 안 될 거야.'란 생각이다.
- 제한적 신념에 갇힌 사람은 정말 할 수 없게 '된다'. 처음부터 정말 할 수 없는 것이 아니라 할 수 없다고 믿기 때문에 정말로 그렇게 된다!
- 관리자들은 Zoomer들이 스스로 자기 한계에 갇히지 않도록 분위기 조성을 해야 한다.

(2) 말도 안 되는 아이디어가 나오도록 격려하고 장려하라.

- 너무 말이 되는 아이디어는 아이디어가 아니다.
- 말도 안 되는 아이디어도 인정받는다는 모습을 보여야 한다.

- 너무 예정된 시간, 예정된 자리에서는 아이디어가 나오지 않는다. 사람들은 공식적인 자리에서 공식적인 방법으로 아이디어를 내놓지 않는다. 아이디어는 예기치 못한 순간에 예기치 못한 방법으로 나온다. 비공식적인 장소에서 예기치 못한 방법으로 아이디어를 도출하라.

(3) 비상식적이고 비전통적인 아이디어일수록 보상하라.

- 크든 작든 보상은 강력한 동기부여의 유인책이다.
- 반드시 물질적일 필요는 없지만 반드시 비물질적이어서도 안 된다. 물질적이든 비물질적이든 우리의 뇌는 똑같은 보상으로 인정한다. 인정하는 빈도가 중요하다.
- 때때로 예상을 뛰어넘는 보상을 하는 것도 중요하다. 보상의 빈도가 잦을수록 보상의 효과는 떨어지는데 이때 비상식성과 비전통성에 비중을 크게 두고 크게 보상하라.

3) 연결성Connectedness 테마

연결성 역시 각 개인의 강점이기도 하지만 Zoomer가 공통으로 가지고 있는 강점이기도 하다. 물론 과거에도 연결성은 사회생활의 중요한 덕목이었다. 그러나 과거의 연결성과 현재의 연결성에는 차이가 있다. 과거엔 집단주의 원리가 작동했다. 내가 어떤 혈연, 지연, 학연에 속해 있느냐가 중요했다. 그 집단 속에서 어떤 연결고리를 찾고 그 속에서 나를 어떻게 포지셔닝하느냐에 따라 사회생활의 기회가 생기기도 하고 사라지기도 하였다. 개인의 능력 못지않게 내가 누구를 아느냐가 성공과 실패를 좌우하기도 했다. 그 결과 아날로그 시대의 연결성은 폐쇄적인 구조를 띨 수밖에 없다. 내가 속한 집단이 잘되면 그 속에 속한 개인에게 더 좋은 기회가 올 확률이 높았다. 수많은 동창회, 향우회 등을 통해 내부 결속을 다져야 소속감이 생긴다고 믿었던 사람들이다. 기브앤테이크는 집단 속에서만 작동했다. 내가 지불하는 것은 회비, 헌신, 희생이었고 내가 받을 것은 정보, 기회,

다른 사람들과의 연결이었다.

Zoomer들은 다르다. 일단 그들에게 적용되는 방식은 개인주의였다. 그들은 특정한 혈연, 지연, 학연으로부터 자유롭다. 그들에게는 이런 형태의 집단주의가 필요도 없었고 불편한 만남을 굳이 가질 이유도 없다고 생각한다. 오히려 그들은 자신들과 관심사가 유사한 사람들을 찾아서 연결되는 소셜링을 선호한다. 소셜링은 관심사가 유사한 사람들이란 공통점 말고는 서로 모르는 사람들이다! 비록 전혀 모르는 사람이라 하더라도 관심사가 유사하다는 이유 하나만으로도 금방 친해지고 편안해지고, 관심사 이외의 요인들로 인해 불편을 겪지 않아도 된다. Zoomer들은 이런 소셜링에 익숙하다.

대표적인 소셜 플랫폼 문토Munto에는 각자 다른 관심사를 가진 Zoomer들로 넘쳐난다. 꿈의 직장인 카카오에서 퇴사하고 문토의 호스트가 된 사람도 있다. 그가 하는 일은 1주일에 3일 정도, '첫인상 만들기', '찐친 만들기'와 같은 모임을 진행하는 일이다. 직장 다닐 때 이상의 수입을 올리면서 사람을 만나는 일이 너무나 즐겁다고 한다.

Zoomer들은 결코 다른 사람들과의 만남을 싫어하지 않는다. 불편한 사람을 만나기 싫어할 뿐이다. 관리자의 코칭 포인트는 그들이 선호하는 연결성을 활용하는 데서 시작해야 한다.

(1) Zoomer들의 관심사를 파악하라.

 - 업무 관련성과 관계없이 어떤 액티비티에 주로 관심이 있는지를 확인해 보아야 한다.
 - Zoomer들이 관심 분야에 따라 실제로 활동하고 있는 액티비티가 무엇인지 파악해 보아야 한다.
 - 관심사를 단순히 물어보는 방식을 가급적 지양하고 관찰하는 방식을 취해야 한다. 평소 업무 수행이나 회의 진행 도중에 게임 참여 방식으로 운영하면 더 잘 관찰할 수 있다.

⑵ Zoomer들의 관심사를 연결할 수 있는 플랫폼을 구상하라.

- 직장 내 Zoomer들이 선호하는 관심을 몇 개의 그룹으로 분류한다.

- 예를 들면, 특정 원두를 좋아하는 커피 모임, 월 2회 점심시간 에 모이는 근처 맛집 투어 등이 포함된다.

- 과거와 같은 동호회 모임은 실패할 가능성이 높다. 직장 내 동호회 모임은 근무 시간 후나 주말에 진행하기 때문에 근무 의 연장으로 볼 가능성이 높아 기피의 대상이 된다. 근무시간 안에 자연스러운 방법으로 진행되어야 한다.

⑶ 직장 내외부의 연결망을 구축하라.

- 한 개의 부서 단위로만 진행될 필요는 없다.

- 부서를 넘어 전사적 모임, 거래처나 고객들을 포함하는 방법 을 실행하면 최선이다.

- 단순한 놀이를 넘어 전문 분야에 대한 학습, 정보의 교환으로 자연스럽게 발전하도록 유도하라. 실제로 이런 방법으로 아 이디어를 얻는 곳도 상상 이상으로 많다. 덕업일치를 추구하 는 Zoomer들도 많다는 것을 기억해야 한다.

4) 성취Achiever 테마

자기 삶과 일에서 성취감을 맛보고 싶은 욕구는 인간의 본능이다. 성취감이 주는 희열은 어떤 것보다 강렬하므로 사람들은 높은 목표에 도전하고 또 도달하고 싶어한다. 그래서 기성세대는 인간이 가진 성취 욕구를 원동력으로 삼아 개인의 삶을 희생하면서까지 목표를 달성하고자 했다. 오랜 기간 목표설정 이론이 수많은 직장에서 각광받아온 이유도 이런 성취욕을 자극한 결과다. 지금까지도 목표관리MBO: Management by Objectives를 기업의 성과관리 도구로 사용하는 기업이 많다. 물론 앞서가는 기업들은 MBO가 아니라 OKRObjectives+Key Results이란 새로운 성과관리를 도입했지만 말이다.

MBO가 가진 탁월한 장점은 목표를 설정하고 그 프로세스를 잘 관리하면 높은 목표를 달성하기 용이하다는 것이다. 구성원들을 목표 중심으로 뭉치게 하고 그 결과에 따라 평가하고 보상하면 되기 때문이다. 반면에 OKR

은 기본적으로 평가도구도 아니고 보상을 위한 관리 방식도 아니다. 구성원의 자발성을 기초로 빠른 실행과 피드백을 통해 '진짜' 성과를 개발하자는 것이다. OKR은 그 자체가 어렵다기보다는 대화하고 피드백하고 인정하는 조직문화의 구축 없이는 적용될 수 없으므로 어려운 것이다.

성취에 대한 개념은 베이비부머나 X세대와 같은 기성세대는 물론이고 M세대와 Zoomer 간에도 차이가 있다. 베이비부머나 X세대는 MBO에 익숙한 세대들이다. 성과관리 하면 당연히 MBO가 연상될 정도로 훈련된 사람들이다. M세대 역시 MBO에 익숙하지만, 윗세대들과 약간 다른 방식으로 받아들였다. M세대들은 MBO를 수용하되 워라밸Work Life Balance을 중시했다. 즉 일과 삶을 철저히 분리하는 방식을 통해 직장 생활을 수입 창출의 수단으로 인식했다. 직장에서는 일만 하고 퇴근하면 자신을 위한 휴식이나 취미활동에 몰두하는 식을 말한다.

그런데 Zoomer들은 다르다. 그들이 선호하는 방식은 워라블Work Life Blending이다. 직장을 단순히 수입의 수단으로 보는 것이 아니라 자기 계발과 성취의 수단으로 간주한다는 것이다. 여기서 일과 취미는 분리되는 것이 아니라 일과 취미를 조화롭게 섞기만 하면 덕업일치의 라이프 스타일이 된다. Zoomer와 함께 일하는 관리자의 코칭 포인트는 이 지점에서 발휘되어야 한다.

(1) 시키지 않아도 흥미를 보이는 일이 무엇인지 파악해야 한다.

- 잘 관찰하면 Zoomer들이 어떤 일에 어떤 부분에서 흥미 있어 하는지 파악할 수 있다.
- 관리자는 그때그때 관찰한 내용을 토대로 관찰일지를 작성하라.
- 어떤 일에 대해서 Zoomer들이 보여주는 적극성, 열의에 대해 구체적인 상황과 행위를 기록하라.

(2) Zoomer들에게 맞춤형 제안을 하라.

- 좋아하는 일은 잘하게 되어 있음을 기억하라.

– 적절한 시점에 상대방에게 자연스럽게 대화를 시도하라.

– 관찰일지를 토대로 상대방이 좋아할 만한 업무, 흥미를 보이는 업무를 제안하라.

(3) Zoomer들과 피드백 세션을 가져라.

– 제안한 업무를 수용한 Zoomer와 대화를 하라.

– 수행한 업무에 대해 소감을 묻고 의견을 경청하라.

– 향후 어떤 업무를 어떻게 더 수행하고 싶은지 묻고 또 물어라.

5) 존재감Significance 테마

한 글로벌 리서치 회사에서 조사한 직급별 행복지수를 보면 과장급이 가장 높다고 한다. 자신이 수행한 업무에 자신이 기여한 흔적이 묻어 있음을 확인할 수 있고 자신의 의견이 잘 먹혀들어 간다는 느낌을 받을 때이기 때문이다. 자신이 그 회사의 그 업무에 완전하게 '존재'한다는 느낌만큼 업무 몰입도를 올려주는 일이 또 있을까. 존재감을 좀 더 쉬운 말로 표현하면 '나란 인간~이 정도야.' 하는 자뻑의 심리가 최고조에 달하는 것이다. 자신의 헌신으로 인해 회사가 돌아가고 자신의 기여가 없었으면 회사가 여기까지 못 왔을 것이라 믿는다. 이 존재감에 대한 경험은 성취감보다 몇 배 이상 강렬한 경험이다. 존재감이 강한 사람은 워라밸, 워라블을 따지지 않는다.

반면에 Zoomer들의 행복지수는 바닥이다. 전체 직급 중에서도 언제나 최하위를 기록한다. 그들이 원래부터 존재감이 없었다는 뜻은 아니다. 그들은 가정에서 학교에서 최고의 인정을 받고 자란 세대이다. 나름 디지털 세상의 강자라는 자부심도 있는 세대이다. 그런데 직장에 입사하자마자 조직의 맨 밑바닥에서 존재감 없이 생활해야 한다. 업무에서 아무런 주도권도 없고 의사결정에 권한도 없다. 시키는 일만 해야 한다면 존재감을 가질 수 있을까. 원래 존재감으로 가득 찼던 사람이 존재감을 내려놓아야 한다면 이보다 몰입도를 떨어뜨리는 일이 또 있을까. Zoomer와 함께 일하는 관리자라면 원래 존재감이 있었던 사람들의 존재감을 회복시켜 주는 일을 코칭 포인트로 삼아야 한다.

(1) Zoomer들이 스스로 업무 목표를 정하게 하라.

- 상명하복식 업무 하달을 지양하라.

- 자기 업무의 목표를 스스로 정하게 하고 그 목표를 인정해 주어야 한다.

- 업무 수행 과정에 개입과 간섭을 최소화하고 인정과 격려를 최대화하라.

(2) Zoomer들에게 업무 수행 방식을 일임하라.

- 관리자에게 익숙한 방식으로 일하는 방법을 가르치지 마라.

- 지금까지 시도해 보지 않은 방법을 활용하도록 자극하라.

- 실수가 있어도 실패가 있어도 스스로 수정할 수 있도록 인내심을 가져라.

(3) 자신의 강점으로 성공할 수 있음을 체험하게 하라.

– 자신에게 가장 편안하고 효율적인 방법을 찾도록 안내하라.

– 업무 수행 과정에서 자신의 강점을 발견하도록 촉진하라.

– 자신의 강점을 통해 작은 성공체험을 자주 경험하게 하라.

Chapter 3

찬성 말고
반대를 유도하라

　집단사고Group Think는 창의적이고 자유로운 사고를 방해한다. 전통적으로 집단주의 문화에 익숙했던 우리나라 사람들은 어떤 집단 내에서 '반대의견'을 말하는 것에 불편함을 느낀다. 반대의견을 말하는 사람도 불편하고 반대의견을 듣는 사람도 불편하다. 반대의견은 곧 집단의 결정 사항에 불복하는 것으로 해석된다. 자칫하면 집단 내 사람이 아니라 집단 밖 사람으로 간주된다. 이런 문화권 속에 사는 사람들에게 '집단의견'에 순종하는 것은 가장 안전한 행동이고 불순종하는 것은 가장 위험한 일이라는 인식이 자리 잡을 수밖에 없다. 일부 과격한 이슬람 문화권(모든 이슬람 문화권이 그렇다는 뜻은 아니다)에서 여성의 히잡 미착용이 왜 그토록 중요한 사회문제가 되는지를 생각해 보면 쉬운 일이다.

오랜 기간에 걸쳐 문화적 변화와 혁신을 경험해 오고 있는 서구사회는 물론이고 최근까지 집단주의 문화를 유지하고 있는 우리나라도 외형상으로 보면 그다지 심각한 집단주의 문화가 관찰되지 않는다. 그러나 거시적 차원이 아니라 미시적 차원에서는 많이 관찰된다. 의견을 수렴하는 절차, 의사결정을 내리는 과정을 상세히 관찰하면 곳곳에 집단주의 문화가 도사리고 있음을 알게 된다. 외형이 바뀐다고 해서 단시간에 내면까지 완벽하게 바뀌지는 않는다.

집단주의 문화는 당시의 사회질서를 유지하는 데 유용한 도구였다. 규모의 경제를 달성하고 최소비용으로 최대의 인구집단을 먹여 살리기 위해서는 가장 효율적으로 기능하는 문화였다.

집단주의 문화는 두 가지 특징으로 요약된다. 첫째, 집단의 응집성을 중시한다. 한 몸이 아닌 개개인으로 구성된 집단이지만 한 몸처럼 움직이는 것이 필요하다. 그래야 빠른 시간 안에 불가능해 보이는 목표를 달성하고 구성원들에게 그 과실을 나누어 줄 수 있었다. 둘째는 획일성이다. 집단 구성원 모두가 동일한 의견을 가져야 하고 반대의견을 용인하지 않는다. 반대의견이 존재하지 않는 것이 아니라 반대의견을 말하는 것이 바람직하지 않다는 무언의 압력이 존재한다. 각기 다른 유전자, 사회적 경험을 가진 각 개인들의 생각이 어떻게 같을 수가 있겠는가. 하지만 전체의 이익을 위해 개인의 작은(?) 이익쯤은 내려놓는 것이 권장되었다. 이 또한 집단의 성공이 각 구성원에게 더 많은 과실을 가져다줄 수 있다는 믿음에 기초한 것이다. 따라서 집단의 의사결정 과정에서 찬성은 미덕이고 반대는 악덕이었다.

세상 모든 일이 그렇다. 초창기에 장점이 크게 보이지만 극에 달하는 순간 단점이 작동하기 시작한다. 모든 문화와 제도에는 부작용이 따르게 마련이다. 집단주의 문화가 강조하는 응집력과 획일성에 문제가 있음을 알아차린 선각자들은 한둘이 아니다.

- 턱을 내밀고 대드는 부하에게 상을 주는 사람이 진짜 훌륭한 지도자입니다. (스칸디나비아, 얀 카렌디 부사장)

- 내 문제를 지적해 준 사람들이 없었더라면 나는 무수한 실수를 저지르고 오판을 내렸을 것이다. (세서미 스트리트, 조앤 간츠 쿠니)

- 기업 내에는 불협화음이 있을 수 있다. 사장은 이를 하나의 화음으로 만들어야 한다. 그러나 너무 화음을 만들려고 하지 마라. 기업을 생동력 있게 유지하는 힘을 빼앗아 버릴 수 있다. (혼다 공동창업자, 다케오 후지사와)

- 비판은 대개 유용하지만 칭찬은 기만적이다. (윈스턴 처칠)

- 최고 경영진 앞에서 다른 의견을 개진하지 못하는 것이 1 등 기업의 문제 (하버드대, 마이클 로베르토)

일찌감치 사회 각 분야의 선각자들은 찬성 의견 못지 않게 반대의견이 중요하다는 점을 알고 있었다. 반대의 견을 장려하고 수용하는 것이 집단의 성장과 발전에 중 요하다고 깨닫고 있었다. 그러나 사회적으로 가장 높은 위치에 있는 사람이 그렇게 말한다고 한순간에 문화가 바뀌지 않는다! 문화 역시 자기복제 기능이 작동하고 있 어서 특별한 사회적 계기가 마련될 때까지 끈질기게 존 속한다.

Zoomer들의 등장은 특별한 사회적 계기가 될 수 있 다. 그들은 인류 최초로 디지털 시대에 태어나고 디지 털과 함께 생활했다. 코로나 팬데믹으로 인해 학창 시절 의 수업을 대부분 온라인으로 수강하고 친구나 선생님 들과의 만남도 온라인으로 이루어졌다. SNS 활동은 물론이고 온라인 쇼핑, 배달 앱, 데이팅 앱 등 굳이 대면하지 않아도 되는 세상을 살아왔다. 기성세대들에게 오프라인이 일상이었고 온라인이 특별한 경험이었다면, Zoomer들에게는 온라인이 일상이고 오프라인은 신기하고 특별한 경험이 되었다. 기성세대와 정반대의 생활을 해 온 Zoomer들에게 무조건적 찬성 의견을 기대하는 것이 여전히 가능할까. 오히려 독자성과 개별성에 기초한 그들만의 특성을 살려주는 것이 모두에게 이로운 일이 아닐까.

관리자의 세 번째 코칭 필살기가 여기에 숨어 있다. Zoomer들에게 공식적으로 '반대자'가 될 수 있는 길을 열어주자. 물론 Zoomer들이라고 해서 모든 사안에 항상 반대의견을 낸다는 뜻이 아니다. 그들이 우리와 다른 시각을 갖고 있을 확률이 높다는 것이다. 다르게 살아왔기 때문에 다른 시각을 가진 것이 당연한 Zoomer들에게 그 '다름'을 얘기할 수 있는 시간과 공간을 확보해주자는 것이다. 단순히 회의 석상에서 "반대의견 있나요?", "반대의견을 내주세요." 한다고 되는 일이 아니다.

예나 지금이나 다른 사람들의 생각에 반한 의견을 내는 일은 쉬운 일이 아니다. Zoomer들이라고 다르지 않다. 그들은 보통 말을 해도 될 만한 안전한 환경에서만 말을 하려고 할 것이다. 자기표현을 주저하지 않는 Zoomer들은 강하게 주장할 수도 있지만 대개는 침묵한다. 또는 도저히 자기 의견을 말해도 안 된다는 생각이 들면 이직해 버리면 그만이다. 의도적으로 노력하지 않으면 누구나 끈질기게 자기복제를 하는 집단주의 문화의 포로가 될 가능성이 높다.

공식적으로 '반대자'가 될 수 있는 환경을 만들어 주어야 한다. 매번 모든 사안을 그렇게 할 필요는 없다. 중요하고 신중하게 결정해야 할 사안을 선별해서 Zoomer들에게 처음부터 공식적인 '반대자' 역할을 맡기는 것이다. 공식적인 반대자는 특정 사안에 대해서 단점을 찾고 안 되는 이유만을 조사해서 공개석상에서 발표하는 사람이다. 쉽게 말하면 그들에게 역할연기를 맡기는 셈이다. 특정 사안에 대해서 조사해 본 결과, 장점 못지않게 단점이 많다고 발견되었거나 절대로 간과해서는 안 되는 문제점을 정리해서 주면 된다.

사람들은 대개 자기 생각에 사로잡혀 있는 경우가 많다. 자기 경험에 갇혀 있거나 자신이 옳다고 믿는 것에 대해 확증 편향적이다. 다른 사람들의 우려를 귀담아듣지 않는다. 사소한 일이라면 큰 문제가 되지 않을 수도 있겠지만 중요한 문제에 대해서 '확증 편향'을 가질 경우 중대한 실수나 실패로 연결된다. 그래서 생각과 경험이 다른 Zoomer들에게 '반대의견'을 발표하게 하고 그 내용의 중대성과 심각성을 함께 생각해 보는 것이 필요하다.

이때 관리자들은 자신의 '권위'가 떨어진다고 우려한다. 이런 생각의 배경에는 본인이 거의 모든 것을 알고 있고 거의 모든 것을 결정해야 하는 사람이라는 믿음이 있다. 책임감을 강하게 느끼고 있기 때문일 것이다. 책임을 진다는 게 무엇일까에 대한 진지한 성찰이 필요하다. 책임이란 다양한 가능성에 대한 충분한 검토 없이 의사결정을 내릴 경우에 더 크게 돌아오는 법이다. 세상의 복잡성이 커질수록 한 개인이 확실하게 알 수 있고 예측할 수 있는 일이 줄어들게 마련이다. 세상의 변화를 수용하는 일이 중요하다. 자신이 가진 권위를 내려놓고 다른 사람들의 정보를 수용해서 공동으로 의사결정을 하는 일이 진정한 권위임을 인정해야 한다.

그 출발점이 Zoomer들에게 공식적인 '반대자' 역할을 맡기는 것이다. 역할을 맡긴다고 의사결정까지 맡기는 것이 아님을 명심하자. 충분한 반대의견을 청취한 뒤 공동의 의사결정 과정을 거치게 되면 어이없는 실수를 줄일 뿐이다. 일거양득이다. Zoomer들은 중요한 의사결정에 자신들이 참여하고 있다는 느낌을 받는다. 맨날 주어진 일만 수행해야 한다고 느끼는 그들에게 몰입감을 준다. 몰입감은 그 일의 주인이 자신이라는 믿음을 준다. 이런 믿음은 자신의 반대의견이 전부 수용되지 않더라도 지속된다. 이미 자신이 그 일의 일부가 되어 있기 때문이다.

한편, 관리자들도 큰 도움을 받는다. 구성원들의 의견을 수렴하는 민주적 관리자라는 이미지를 만들어 낼 수 있다. 회의 석상에서 뜬금없이 반대의견, 다양한 의견을 내란다고 내는 것이 아님을 명심하자. 또한 의사결정 과정을 투명하게 관리한다는 느낌을 심어줄 수도 있다. 찬성 의견과 반대의견을 저절로 수렴하기 때문에 팀 내 의사결정 과정이 한두 사람에 의해 좌우된다는 인상을 불식시킬 수 있다. 현대사회가 우리에게 요구하는 참여적 의사결정을 저절로 실현하는 효과를 거둘 수 있다.

그렇다면 Zoomer들이 원하는 공식적인 '반대자' 역할에는 어떤 것이 있을까. 아래 주제는 필자가 여러 조직에서 여러 차례의 워크숍을 통해 공통으로 발견되는 주제들을 선별한 것이다. Zoomer들이 현재 조직에서

느끼는 문제점에 대해서 반대하고 싶은 주제들을 나열
한 것이다. 각 조직에 맞는 주제를 선택하여 '반대의견'
을 내도록 격려해 보면 새로운 사실을 많이 발견할 수
있을 것이다.

우선 각 직장의 '제도적인 측면'에서 현재 상태에 반
대한다는 의견을 정리하면 다음과 같다.

① 출퇴근 시간
② 출장비 정산시스템
③ 경조사비 지급 방식
④ 대부자금 금리
⑤ 일일 주간 월간 회의
⑥ 우수 사원 선정의 방식
⑦ 직원 해외연수 선발 방식
⑧ 직무 교육 방식
⑨ 월례회의 방식
⑩ 직원복지제도

아래 내용은 제도보다는 '문화적 측면'에서 현재 상태에 반대한다는 의견이다. 문화는 제도가 정착되어 일상적으로 나타나는 현상이다.

① 주말에 해야 하는 업무와 행사
② 각종 이슈 처리 시 상사 의견에 무조건적인 OK 문화
③ 본사의 일방적인 인사행정 처리
④ 와닿지 않는 임금 협상 및 복지 개선 방안
⑤ 현장 근무자 위주의 노사 합의
⑥ 비생산적 회의 진행
⑦ 일방적 업무 분장
⑧ 직장 내 갑을 관계
⑨ 비민주적 의사결정 방법
⑩ 임금과 승진
⑪ 근무 시간
⑫ 다발성회의
⑬ 일방적 업무 하달과 지시
⑭ 월요일 회의
⑮ 일방적 인사고과

이는 업종 불문 규모 불문 거의 대부분의 직장에서 공통으로 나온 내용이다. Zoomer들은 이런 상황에 대단히 예민하다. 첫째는 공정하지 않은 관행이라고 여기고 있고 강력한 반대의견을 보유하고 있다. 둘째는 개선이 필요하다고 생각하고 개선방안에 대해 다양한 대책을 가지고 있다고 느낀다. 그럼에도 불구하고 관리자들이 자신들의 의견을 귀담아들으려고 하지 않기 때문에 답답하다고 여긴다.

만약 당신이 관리자라면 아래 질문에 답해 보자. 우선 위에 적힌 제도적 측면과 문화적 측면을 고려했을 때 반대자 역할이 필요하다고 생각되는 주제 3개를 골라 아래에 메모해 보자.

반대자 역할이 필요한 주제	이것이 중요한 이유
1.	
2.	
3.	

아래 빈칸에는 여러분이 속한 조직의 구성원들, 특히 Zoomer들에게 작성하게 해 보자. 마찬가지로 위에 적힌 제도적 측면과 문화적 측면을 고려했을 때 반대자 역할이 필요하다고 생각되는 주제 3개를 골라 아래에 메모해 달라고 요청해 보자.

반대자 역할이 필요한 주제	이것이 중요한 이유
1.	
2.	
3.	

마지막으로 관리자 입장에서 반대자 역할이 필요하다고 생각한 주제와 Zoomer들 입장에서 반대자 역할이 필요하다고 주제를 비교 검토한다. 공통으로 나온 3개와 다르게 나온 주제 3개를 골라 적은 후에 그 이유를 주제로 토론해 보자.

공통으로 나온 주제	다르게 나온 주제
1.	1.
2.	2.
3.	3.

Chapter 4

지적 말고
질문을 자주 하라

    지적은 잘못된 행동인가. 반반이다. 사실에 근거하여 오류를 바로잡기 위해 하는 행동은 필요하다. 그러나 사실에 근거하지 않거나 설령 사실에 근거했다손 치더라도 상대방의 단점을 부각하기 위한 지적은 불필요하다. 이것은 지적질에 가깝다. 이런 형태의 지적은 본인이 상대방보다 우월한 위치에 있다는 것을 드러내기 위한 행

    3. Zoomer를 성장시키는 관리자의 코칭 스킬

동이다. 상대방에게 모욕감을 주고 자신은 할 일을 했을 뿐이라는 정신 승리의 표현일 뿐이다.

그런데 우리나라와 같이 집단주의 전통이 강한 문화권에서 부정적 의미의 지적 행동이 많이 일어난다. '우리'는 '남'이 아니기 때문이라는 인식에서 비롯된다. 우리는 남이 아니고 동일한 집단에 속한 동류의 사람이므로 지적을 당연한 것으로 받아들이는 경향이 있다. 상대방이 잘못된 행동을 할 경우(정확하게는 잘못된 행동을 했다고 판단할 경우), 그것을 지적해 줘야 상대방이 자기 행동을 교정하고 올바른 행동으로 돌아온다고 믿는다. 더 나아가 개인의 행동 교정을 넘어 집단 전체의 이익에 부합한다고 믿는다. 한 개인의 잘못된 행동은 집단 전체가 잘못된 행동을 하는 것으로 유추하기 때문에 개인의 행동에 대한 제재는 필요하다고 본다. 행동 제재의 가장 낮은 단계가 '지적'이다.

오해할 필요는 없다. 집단주의 전통을 가진 동양의 문

화는 열등하고 개인주의 전통을 가진 서양의 문화가 우월하다고 말하려는 것이 아니다. 동양과 서양의 차이를 말하는 것이 아니라 디지털화로 인해 개인주의가 확산하는 상황에서 개인의 행동에 대한 지적은 별로 도움이 안 된다고 말하고 싶은 것이다.

디지털 세상은 특정 개인을 특정 집단에 강제로 묶어 두는 상황을 불필요하게 만들어 버렸다. 노트북, 스마트폰, 노트패드 등 다양한 디지털 도구를 소유한 개인은 단독으로 세상과 소통할 수 있게 되었다. 업무에서든 사생활에서든 굳이 특정 집단에 대한 소속감 없이도 살아갈 수 있게 되었다. 본인이 필요하면 소속되고 불필요하면 탈퇴할 수 있게 되었다. 각 개인이 가진 개별성과 독자성이 점점 강화되고 있는 마당에 지적의 효과성은 수명이 다한 행동이 아닐까.

그런데 생각보다 문제는 간단치 않다. 누차 말했듯이 세상은 엄청난 속도로 바뀌고 있는데 사람들은 과거의 집단주의 전통을 고수한다. 말로는 얼마든지 지적은 나쁘다고 하면서 직장에서나 가정에서나 지적질은 넘쳐난다.

몇 년 전에 한국어 잘하는 외국인들이 출연한 인기 프로그램 〈비정상회담〉에서 한 외국인이 한국의 '지적' 문화에 대해 언급한 적이 있었다. 한국인들은 '우리'를 강조하고 '정'을 중시한 나머지 상대방에게 결례가 되는 말과 행동을 지나치게 자주 하고 너무도 대수롭지 않게 여긴다고 했다. 상대방을 조롱하는 농담을 아무렇지 않게 하거나(예를 들면 누구누구는 '노잼') 상대방에 대한 부정적 표현(예를 들면 '모태 솔로')으로 상처 주는 행동을 하면서도 그것이 문제가 된다는 것을 인식하지 못한다고 한다. 우리가 미처 인지하지도 못했던 행동까지도 날카롭게 지적하는 것을 보면 우리 사회에 지적하는 문화가 만연해 있음을 느낄 수 있다.

그렇다면 대안은 무엇일까. 지적 대신 질문을 하는 것

이다. 질문은 상대방의 오류와 단점을 지적하는 대신에 상대방이 어떤 생각을 하고 있는지를 알 수 있게 해준다. 내 입장에서 미리 판단을 내리고 상대방을 추궁하는 것이 아니라 진실로 상대방의 생각이 궁금해야 하는 것이다. 내가 상대방의 모든 것을 다 알 수 없고 상대방 역시 내가 무슨 생각을 하는지 알 수 없다는 전제가 있다. '나는 모른다, 내가 상대방에 대해 아는 것은 없다.'는 생각이 질문으로 이끈다. '나는 다 안다. 나는 상대방이 왜 저런 행동을 했는지 다 알고 있다.'고 생각하면 상대방의 오류를 잡아주기 위해서 지적하는 행동을 한다. 이런 식으로 지적당하는 상대방의 반응은 무엇일까. 당연히 변명과 방어다. "그 상황에서 나는 그럴 수밖에 없었다." 라거나 "나도 최선을 다했는데 왜 나를 인정하지 못하느냐." 등 악순환의 고리 속으로 빠져든다. 그런 상황에서는 누구도 승자가 될 수 없다. 오직 지적-변명-지적-방어의 논리가 사람들 사이를 떠돌고 있을 뿐이다.

디지털 사회로 진입하면서 확실하게 정리된 사실이

있다. 세상 누구도 모든 사실을 완전하게 알고 있는 사람은 없다는 것이다. 하루에도 엄청난 양의 정보와 데이터가 쏟아져 나오고 있는데 신이 아니라면 어떻게 세상사를 온전하게 알고 있을 수 있는가. 뛰어난 한 개인보다는 빅 데이터나 인공지능에게 묻는 것이 더 정확한 세상이 되었다. 하물며 조직 내에 존재하는 관리자가 모든 것을 알고 있다는 듯이 지적할 권한은 없다.

그래서 질문이 중요하다. 내 생각과 다르다는 이유로 상대방을 몰아세우거나 상대방의 의도를 미리 짐작할 필요는 없다. 그냥 물어보면 될 일이다. 상대방은 질문을 받으면 자연스럽게 대답을 생각하게 되어 있다. 관리자는 대답을 듣는 과정에서 상대방의 의도, 생각, 의견, 기분을 읽을 수 있다. 어떤 질문을 어떻게 하느냐에 따라 상대방으로부터 수많은 정보를 알아낼 수도 있고 심지어 가능성과 대안까지도 얻어 낼 수 있다. 그래서 관리자는 질문하는 기술을 배워야 한다. 그동안 지적만 해왔던 관리자들에게 질문을 하라고 하면 어떤 질문부터 해야 하냐고 난감해한다. 여기서 네 번째 필살기가 등장한다.

질문의 기술을 다루기 위해서는 일단 질문의 종류부터 알아야 한다. 가장 쉽게 구별할 수 있는 질문의 종류는 닫힌 질문, 열린 질문이다. 닫힌 질문은 말 그대로 상대방이 '예', '아니요'라고만 답변할 수 있다. 예 혹은 아니요에만 한정되어 있기 때문에 닫힌 질문이라고 한다. 주로 사실을 확인할 때 사용하는 질문이지만 듣기에 따라서는 상대방을 추궁하는 질문으로 들릴 수 있다. 반면에 열린 질문은 예, 아니요라고 답할 수 없는 개방형 질문이다. 열린 질문을 하는 사람은 상대방으로부터 어떤 답변이 나올지 알 수 없다. 어떤 답변이라도 좋으니 모든 가능성을 열어두고 당신이 생각하는 것을 듣고 싶다는 뜻이 내포되어 있다. 상대방의 의도, 생각, 감정 등을 폭넓게 들을 수 있다는 장점이 있다.

닫힌 질문	열린 질문
이 계획이 말이 된다고 생각해요?	이 계획의 장단점은 무엇인가요?
넌 일을 이렇게밖에 못 하니?	이것을 만회하기 위해서 할 수 있는 방법은 무엇이 있을까요?
이 프로젝트를 할 수는 있겠어?	이 프로젝트를 하기 위해서 할 수 있는 것과 도움이 필요한 것은 무엇일까요?

〈닫힌 질문과 열린 질문 예시〉

　닫힌 질문/열린 질문 말고도 질문을 구분하는 방법이 있다. 발생형 질문과 탐색형 질문이 그것이다. 발생형 질문은 말 그대로 발생한 문제에 대해 알아보는 질문이다. 문제가 무엇인지, 그 문제가 발생한 원인은 무엇인지를 알아보는 것이다. 발생형 질문 역시 가능성을 열어놓고 질문한다는 측면에서 열린 질문에 속한다. 문제를 정의하거나 원인을 파악하거나 해결책을 찾는 데 유용한 질문이다.

<発생형 질문의 예>

① 무엇이 잘못된 것일까요?

② 왜 이런 문제가 생겼다고 생각하세요?

③ 문제가 발생한 것은 언제쯤인가요?

④ 문제는 얼마나 오랫동안 지속되었나요?

⑤ 지금의 문제는 무엇 때문에 발생한 것인가요?

⑥ 이 문제가 현재 본인의 업무에 어떻게 방해가 되고 있나요?

⑦ 이 문제는 어떻게 해결될 수 있다고 생각하시나요?

한편, 탐색형 질문은 말 그대로 바람직한 상태를 찾아가는 질문이다. 문제를 정확하게 정의하고 원인을 분석해서 해결책을 찾는 데 중점을 두지 않고 어떤 상태에 도달하는 것이 중요한 것인지를 탐색한다. 문제를 문제라고 바라볼 때 도움이 되는 질문이 있기는 하지만 자칫 문제 자체에 매몰될 가능성을 차단하는 것이다. 문제 안에 갇혀서 문제를 바라보면 해결책도 나오지 않고 희생양을 찾는 데 골몰하기 마련이다. 발생형 질문은 상황을 파악할 때, 답이 보이는 단순한 문제를 해결할 때 유용한 기술이긴 하지만 문제를 더 꼬이게 만들 수도 있다. 하지만 탐색형 문제는 문제 너머를 바라봄으로써 문제를 해결한다. 바람직한 상태가 무엇인지 바람직한 상태가 되면 무엇이 좋아지는지를 통해 더욱 근본적으로 문제를 해결하려고 할 때 유용한 기술이다.

〈탐색형 질문의 예〉

① 그 문제가 바람직하게 해결된 상태는 어떤 모습일까요?

② 그것이 해결된다는 것은 어떤 상태를 말하는 것일까요?

③ 그 상태가 이루어졌을 때 내가 얻는 혜택은 무엇일까요?

④ 그 상태가 이루어지면 내 가족(상사)은 무엇이라고 말해 줄까요?

⑤ 그것을 이루어 내기 위해 내가 가진 자원은 무엇일까요?

⑥ 그 자원을 얻기 위해 누구로부터 어떤 도움을 받을 수 있을까요?

⑦ 지금, 이 순간 본인은 무엇을 어떻게 시작하시겠습니까?

발생형 질문과 탐색형 질문이 수평선의 양 끝에 있는 질문이라면 상향식 질문Chunking up과 하향식 질문Chunking down은 수직선의 위, 아래에 있는 질문이라고 할 수 있다. 청킹Chunking은 원래 '덩어리'라는 뜻을 가진 영어 단어이다. 마인드맵이나 영어 학습법에서 기억 대상이 되는 정보를 의미 있게 연결하거나 묶어준다는 뜻이 있다. 따라서 청킹업은 상향식 질문을 통해 의미를 연결해 준다는 뜻이고 청킹다운은 하향식 질문을 통해 의미를 연결해 준다는 뜻이 있다. 우선 청킹업은 상대방이 낮은 단계의 인식 수준에 머물러 있을 때 인식의 수준을 끌어올려 주는 역할을 한다. 한 단계 높은 단계에서 사람이나 사물을 바라봄으로써 자신의 문제를 다른 각도에서 바라볼 수 있게 하는 코칭 질문이다.

〈청킹업 질문의 예〉

① 이번 일이 잘 마무리되고 3년이나 5년 후에 지금 겪고 있는 일을 떠올리면 어떤 생각이 들까요?

② 만약 당신이 팀장(또는 임원)이라면 이 상황에서 어떤 결정을 할까요?

③ 경쟁사나 고객이라면 이 사안에 대해 무엇이라고 얘기할까요?

한편 청킹다운은 한 단계 아래로 내려가서 질문을 던지는 것이다. 혹은 내면으로 파고 들어가서 질문을 던지는 것이다. 사람들은 너무 거시적으로 바라보거나 문제의 바깥에서만 생각이 갇혀 있는 경우가 있다. 그때 청킹다운 질문을 하면 다른 관점에서 문제를 바라볼 수 있도록 도와준다.

〈청킹다운 질문의 예〉

① 나 자신 혹은 팀 내에서도 원인을 찾을 수 있을까요?

② 목표 달성을 위해 제거(혹은 감소)해야 할 것이 있다면 무엇일까요?

③ 지금 당신이 놓치고 있는 것이 있다면 무엇일까요?

Zoomer들에게 지적 대신 질문을 하는 것은 중요하다. 지적은 상대방의 잘못을 찾는 것이지만 질문은 상대방의 생각을 궁금해하는 것이다. 생각을 궁금해한다는 것은 상대방을 비난하지 않으면서 상대방의 생각을 물어보는 것이다. 질문을 받은 상대방은 짧은 순간이지만 생각한 후에 답변하기 때문이다. 설령 생각 없이 답변했다 하더라도 그들의 평소 생각이나 의견이 무의식적으로 고스란히 표현되어 나온다. 이것이 바로 조직 내에서 '넛지 효과Nudge Effect'를 극대화하는 방법이다. 미국의 행동경제학자 리처드 세일러는 넛지를 일컬어 '사람들의 선택을 유도하는 부드러운 개입'이라고 표현했다. 사람들에게 어떤 선택을 강요하는 행위는 궁극적으로 사람들의 행동을 변화시키지 못한다는 뜻이다. 아무리 의도가 좋아도 사람들은 강요된 행위에 따르는 것을 거부하는 경향이 있다. 대신에 사람들이 바람직한 결정을 내리도록 설계된 상황에 있거나 맥락 속에 있을 때 사람들은 자연스럽게 그 행동을 선택한다.

결국 관리자는 선택을 설계하는 사람Choice Architect이 되어야 한다는 말이다. 예를 들면 구내식당의 영양사는 음식의 메뉴를 전혀 바꾸지 않고도 건강에 좋은 음식을 더 많이 선택할 수 있도록 설계할 수 있다고 한다. 메뉴는 그대로인데 어떤 음식을 어떻게 배열하느냐에 따라서 고객들이 건강식을 25%나 많이 선택한다는 것이다!

    지적 대신에 좋은 질문을 많이 하는 관리자 역시 선택 설계자Choice Architect이다. Zoomer들은 어떤 질문을 듣고 생활하느냐에 따라 본인들의 업무에 대한 생각이 바뀔 수 있고 본인들의 성장과 발전에 대한 생각을 더 많이 하게 된다. 그러므로 관리자는 지적하기보다 좋은 질문을 많이 하는 사람이 되어야 한다.

Chapter 5

'~척'하지 말고
'헐~' 하라

Zoomer를 코칭하는 관리자의 마지막 필살기는 ~척 하지 않는 것이다. ~척한다는 것은 자신의 본심과 다르게 표현하고 다르게 행동한다는 뜻이다. 예를 들어 '잘 난 척'이란 말은 잘난 것도 없는데 잘난 듯이 행동한다는 것이다. '아는 척'은 아는 것도 별로 없는데 아는 것이 많은 듯이 말한다는 것이다. '정직한 척'은 실제로 정직하지 않은 사람이 정직한 사람인 것처럼 꾸민다는 것이다. '공정한 척'은 사실상 불공정한 행동을 자주 하는 사람인 걸 뻔히 아는데 자신은 공정한 사람인 것처럼 행동한다는 뜻이다. 이처럼 잘난 척, 아는 척, 정직한 척, 공정한 척은 모두 본심과 다르게 행동하면서도 그 사실을 숨긴다는 표현을 할 때 쓰는 용법이다. Zoomer들이 바로 윗세대인 M세대에게 가장 반감을 느끼는 바로 그 지점이다.

~척하는 행동은 처음에는 상대방에게 통할 수 있다. 왜냐하면 함께 일하며 최소한의 시간을 보내지 않고 상대방을 간파하기란 쉽지 않기 때문이다. 한번 형성된 첫인상은 상당한 기간 동안 유지된다. 어떤 사람에 대해 한번 판단을 내리면 그 판단을 계속 유지하고 싶어 하는 관성의 법칙도 생긴다. 그러나 언젠가 특별한 순간에 상대방의 진면목을 판단하는 순간이 온다. 그것은 은연중에 속마음을 들켜 버리는 말실수, 즉 실언할 때이다. 이것을 프로이트는 억압된 무의식이 의식에 개입하여 발

생한다고 하여 프로이트의 말실수Freudian Slip라고 한다. 말실수를 통해서 남에게 감추고 싶었던 생각을 자신도 모르게 내뱉고 말게 된다. 엄밀히 말하자면 실수가 아닌 셈이다. 그동안 하고 싶었던 말인데 상대방과의 관계를 망가뜨리고 싶지 않아서 '아닌 척'했던 것이다. 그 진실의 문이 열리면 상대방은 깨닫게 된다. 아, 내가 잘못 생각하고 있었구나. 아, 저분의 본심이 저것이구나.

그러면, 말실수는 특정한 사람들만 한다는 얘기일까? 물론 아니다. 한 구인구직 기업에서 직장인을 상대로 말실수에 대해서 조사한 적이 있다. 놀랍게도 응답자의 90%가 직장 생활에서 말실수한 적이 있다고 응답했다. 누구나 한 번 이상 실수를 하는 셈이다. 억눌린 무의식이 자신도 모르게 튀어나오는 상황을 통제하기란 쉽지 않다. 어찌 보면 '프로이트의 말실수'는 가장 인간적인 행동이라고 볼 수도 있다. 그렇다면 지금부터 우리가 할 일은 어떤 말실수가 있는지, 그 말실수가 미치는 영향은 무엇인지 알아보는 것이다.

〈직장인이 가장 많이 하는 말실수 5가지〉

① 직장동료, 상사, 부하에 대한 뒷담화

② 상황에 맞지 않는 부적절한 단어 사용

③ 상대방 이름이나 호칭을 잘못 부름

④ 본인이 나서지 말아야 할 상황에서 훈수를 두게 됨

⑤ 상대방에게 모욕감을 주거나 자존심에 상처 주는 말을 사용함

〈말실수 때문에 입은 피해 5가지〉

① 말실수했던 상대방에게 계속 미움을 받음

② 직장 내에서 나쁜 이미지가 형성됨

③ 사실과 부합되지 않는 소문까지 퍼지게 됨

④ 업무 협조를 받지 못하고 혼자 업무를 해야 하는 상황이 많아짐

⑤ 시간이 흘러 똑같은 일을 당함

　누구나 하는 실수라고 하지만 그 실수로 인해 감당해야 할 대가가 크지 않은가. 평소에 ~척하다가는 무의식 중에 드러나는 말실수로 인해 더 큰 화를 입을 수도 있다. 그런데 이런 현상은 유독 집단주의 문화가 강한 곳에서 자주 일어난다. 물론 개인주의 문화라고 해서 프로

이트의 말실수가 전혀 일어나지 않는다거나 ~척하지 않는다는 뜻이 아니다. 프로이트의 말실수라는 단어 자체가 서양에서 유래한 것을 보면 그쪽 문화권에도 이런 현상이 존재한다는 뜻이다. 상대적인 빈도를 말한다. 20세기 이후에 개인화가 확실하게 진전된 서구사회는 자기 생각이나 의견을 숨김없이 표현하는 데 익숙해졌다. 그러나 개인화의 진전 속도가 상대적으로 느리게 진전된 동양 사회는 자기 생각과 의견을 숨김없이 표현하는 데 한계가 있었다. 수천 년 동안 지속되어 온 유교적 전통은 말을 신중하게 할 것을 요구했다(신중하게 말하는 것이 잘못이라는 뜻이 아니라 그랬다는 것이다).

　말을 신중하게 하는 것이 중시된 사회는 자기 생각과 의견을 정리하는 데 시간이 걸린다. 현대사회처럼 변화가 빠른 세상에서는 대응이 느리고 대화에 장벽이 생긴다. 본의 아니게 자기 생각과 의견을 숨긴다는 인상을 준다. 말실수를 줄이기 위해 본인도 모르게 ~척하는 행동을 자주 하게 된다. 더구나 '체면'과 '권위'가 중요시되는 바람에 윗사람은 '함부로 말을 해서는 안 되는 사람'으로 인식되었다. 이 대목에서 생각해 볼 문제가 있다.

① 인간은 자신의 무의식을 완벽하게 통제하지 못하기 때문에 프로이트의 말실수가 일어난다. 그것도 90% 이상의 직장인이 그렇다. ② 그런데 집단주의 문화권의 윗사람은 말을 가려서 신중하게 해야 한다는 인식이 퍼져 있다. 그래서 가급적 말을 아낀다. ③ Zoomer들은 비교적 자기 생각과 감정에 솔직한 편이다. 그런데 윗세대들은 아닌 척하면서 은연중에 말실수를 통해 본심이 드러난다. 그래서 Zoomer들은 솔직하게 표현하지 않고 ~척하는 기성세대를 이해하기 어렵다. 이런 논리를 따라가다 보면 소통이 안 되는 근본적인 원인을 발견하게 된다. 서로 다른 문화권에서 온 여러 계층의 세대들이 상대방에게 기대하는 행동이 다르다는 것이다. Zoomer를 위한 다섯 번째 코칭 필살기는 바로 이 지점에서 시작된다.

우선 ~척하지 않으려는 노력이 중요하다. 잘 모르고 있으면서 다 알고 있는 척하지 말아야 한다. 세상에 어떤 사람도 모든 것을 알 수는 없는 법이다. 그런데 관리자의 체면 유지를 위해서 마치 "나 다 알고 있어."라는 태도를 취하지 말자. 오히려 "그런 것도 있었구나.", "그게 더 좋은 정보네."라고 수긍하는 태도가 상대방에게 긍정적인 영향을 준다. 공정하지 않으면서 공정한 척하지 말아야 한다. 관리자들이 하는 일 중에 업무 배분을 하거나 인사평가를 하다 보면 완벽하게 공정하기는 정말로 어렵다.

Zoomer들이 공정성 문제를 가장 민감하게 인식하기 때문에 공정성 문제를 제기했다고 가정해 보자. 이때 어떻게 대처하는가가 정말로 공정성 문제의 해결을 좌우한다. "난 정말 공정했다!"고 우길 것인가 아니면 상대방이 "불공정하다고 인식하는 것이 잘못"이라고 강변할 것인가. 대다수 관리자들은 자신은 정말 최선을 다했고, 더 이상 공정할 수는 없다고 우길 가능성이 높다. 이 대목에서 관리자는 공정성의 문제가 아니라 체면의 문제이고 권위의 문제로 바뀐다고 생각한다. 여기서 밀리면 더 이상 관리자로서의 역할을 수행할 수 없게 된다고 생각한다.

완전한 착각이 아닐 수 없다. 내가 미처 생각하지 못한 '불공정한 측면'이 있는지 들어보고 물어보고 나서 판단해도 늦지 않다. 그런데 우리 관리자의 뇌 속에는 기존에 프로그래밍이 된 체면과 권위의 여과장치가 돌아가기 시작한다. "불공정하다고 생각하는 이유를 한번 들어 볼까요?", "지금 당장 고칠 수 있는 것과 다음에 고칠 수 있는 것을 구분한다면 뭐가 될까요?", "다음에 어떻게 다르게 하면 될까요?" 등등 앞에서 배운 질문의 기술을 활용해야 한다.

두 번째는 ~척하다가 Zoomer들에게 들킨 경우를 생각해 보자. 직장인의 90%가 말실수를 한다고 하니 누구나 예외 없이 말실수할 가능성이 있다. 관리자라고 해서 예외는 없다. 이때 어떻게 행동하는가가 중요하다. 필자가 제안하는 행동은 "헐~" 또는 "엥~"이다. "헐"이란 말은 황당할 때, 화가 날 때, 짜증 날 때와 같이 부정적 상황에도 쓰이고 예상치 못한 선물을 받거나 칭찬받을 때와 같이 긍정적 상황에도 쓰인다. 생각지도 못한 상황에 부닥치거나 예상치 못한 말을 들었을 때 놀랍다! 또는 대박이다! 같은 의미를 한마디로 전달하는 감탄사이다.

그런데 요즘 10대나 20대들은 "헐~" 대신에 "엥~"이나 "잉~"이란 표현을 쓴다고 한다. "헐~"이란 말이 너무 삼촌이나 이모부 세대 같은 느낌을 주기 때문에 촌스럽다는 것이다. 언어의 표현이 너무도 빠르게 변화하고 있기 때문에 다 따라잡아야 하는지도 의문이지만, 중요한 것은 우선 공감대의 형성이다. 유사한 단어나 용어를 쓰는 사람들 간에 형성되는 친밀감이 중요하다. "헐~"이나 "엥~"이란 짧은 단어를 구사해 줌으로써 상대방의 긴장을 풀어주고 상대방의 마음을 열어 준다면 굳이 마다할 이유는 없다.

더 중요한 것은 헐이나 엥 다음에 오는 단어의 표현이다. "헐~ 내가 그렇게 말했단 말인가. 미안해.", "엥~ 내가 모르고 있었던 거네? 창피해서 어쩌나?", "헐~ 대박. 나 이제 이해했어.", "엥~ 그렇게 깊은 뜻인 줄 몰랐네." 등등 짧은 감탄사 뒤에 내 본심을 보여 주는 것이 나의 실수를 만회하고 상대방에게 진심을 보여주는 방법이 된다면 한 번쯤 써볼 만한 용법이 될 것이다.

마지막으로 가장 어렵지만 가장 중요한 단계가 진정성을 보여 주는 것이다. 진정성은 '진실한 마음'을 있는 그대로 보여 준다는 뜻인데, 상당한 노력이 필요하다. 수많은 관리자나 리더는 어떤 것이 옳은 행동인지를 모르는 것은 아니지만 당장의 '인기'를 유지하기 위해서 또는 자신이 달성하고자 하는 당장의 '성과'를 위해서 불필요한 행동을 과도하게 한다. 그것이 올바른 '처세'라는 것을 알기 때문이다. 이것을 잘못된 행동이라고 탓할 수는 없지만 관리자가 진심으로 ~척하지 않으려면 반드시 알고 가야 할 항목이다.

우선 당장의 '인기'를 얻기 위해서 내가 현재 하는 행동들을 체크해보자. 이 중에서 어떤 행동을 덜 할 것인지, 어떤 행동을 당장 중지할 것인지, 어떤 행동을 더 많이 할 것인지 결정해 보자. 그것만으로도 우리의 '~척'하는 행동은 줄고 진정성은 자주 발현될 것이다.

 당장의 인기를 얻기 위해 하는 행동

① 눈치를 많이 본다.

② 해야 할 말을 하지 않는다.

③ 편애하는 사람들이 따로 있다.

④ 업의 본질에는 관심이 없고, 눈에 보이는 것을 중시한다.

⑤ 윗사람에게 보고하는 것을 중시한다.

⑥ 보고서의 모양과 형식에 집착한다.

⑦ 빨리빨리 아웃풋을 내는 것을 중시한다.

⑧ 책임을 회피한다.

⑨ 좋은 말, 부드러운 말만 골라서 한다.

⑩ 아랫사람들이 알아서 충성한다고 믿는다.

다음으로 당장의 성과를 추구하는 행동을 체크해 보자. 마찬가지로 어떤 행동을 덜 할 것인지, 어떤 행동을 당장 중지할 것인지, 어떤 행동을 더 많이 할 것인지 결정해 보자. 그것만으로도 우리의 '~척'하는 행동은 줄고 진정성은 더 자주 발현될 것이다.

당장의 성과를 추구하는 행동

① 승부욕이 강하고 집요하다.

② 자기 경험과 생각을 우선시한다.

③ 구성원의 훈련을 중시한다.

④ 지휘 스타일이 독단적이다.

⑤ 협업을 중시하지 않는다.

⑥ 고집이 세다.

⑦ 멘탈이 강해 잘 무너지지 않는다.

⑧ 팀플레이보다 개인플레이를 더 중시한다.

⑨ 수단과 방법을 가리지 않고 승리를 추구한다.

⑩ 구성원에 대한 배려가 적다.

편견은 내가 누군가를 사랑하지 못하게 하고
오만은 누군가가 나를 사랑할 수 없게 만든다.
- 제인 오스틴, 『오만과 편견』 -

4

리더로 성장해가는 Zoomer의 셀프 코칭

고대수 코치로부터 코칭을 받으면서 김대명 차장에게 변화가 일어나기 시작했다. 우선 소통의 의미부터 다르게 해석했다. 소통은 내가 상대방을 설득하기 위해서 부자연스럽게 시도하는 행위가 아니었다. 상대방의 행동을 동의 없이 교정하는 것이 아니었다. 부서의 목표 달성을 위해 상대방이 무엇을 더 노력해야 하는지, 누구와 더 협력해야 하는지를 알려주는 자리가 아니었다.

　소통이 자연스럽게 일어나기 위해서는 '제도화'되어야 한다는 것을 알게 되었다. 제도화란 특별한 정책을 개발하거나 새로운 제도를 만드는 것이 아닌, 자연스럽게 대화할 수 있는 '제도화된 소통'의 기초를 만드는 것이었다. 김대명 차장 본인이 생각하는 직장 내 직위와 이대로 씨가 생각하는 팀장 직위에 대한 인식의 차이(권력 거리)를 좁히기 위해서는 자연스럽게 제도화된 소통이 필요하다는 것을 알게 되었다.

　김대명 차장은 과감하게 리버스 멘토링을 도입했다. 회사 차원의 거창한 도입이 아니라 부서 내에서 작게

　　　　　　　　4. 리더로 성장해가는 Zoomer의 셀프 코칭

시도했다. Zoomer들이 좋아하는 '맛집 탐방'은 성공적이었다. 직장 부근의 맛집을 찾아 이대로 씨를 포함한 Zoomer들과 김대명 차장 등 관리자 그룹이 함께했다. 상호 이해의 폭은 넓어졌고 자연스러운 대화가 촉진되었다.

챌린저스 앱을 흉내 내어 부서 내 작은 도전들도 기획하기 시작했다. 챌린저스 앱의 기획은 이대로 씨를 포함한 Zoomer들의 몫이었다. '일주일에 한 번 상대방의 장점을 찾아서 말해주기'는 가장 소소하면서도 효과가 좋은 이벤트였다. 외근으로 직접 만나서 대화하기 어려울 때에는 카톡이나 문자를 주고받았다. 전에 비해 소통의 깊이가 더해지고 이제는 회사 업무를 개선하기 위한 챌린지를 기획하고 있다.

그다음 제도화된 소통은 공정한 평가와 보상이었다. 자연스러운 대화가 오고가고 필요한 챌린지를 시도하는 과정에서 내부 경쟁보다는 상호협력이 더 중요하다는 믿음이 형성되기 시작했다. 상호협력의 밑바닥에는 자신들의 노력과 성과에 대한 공정한 평가가 필요했다. 공정한 평가란 각 개인의 능력에 적합한 업무의 배분, 업무 절차의 투명성, 관리자의 지원, 구성원의 참여와 동의 등을 필요로 했다.

공정한 보상 역시 노력과 성과에 비례해서 주어져야 하고 구성원들의 수용성이 높아야 했다.

관리자의 역할은 이 모든 자연스러운 대화를 수렴하고 조정해서 많은 사람들이 공감하는 제도를 만들어 내는 것이었다. 어떤 소통이나 대화도 구성원들의 참여와 수용 없이는 불가능하다는 '문화'가 생기기 시작했다. 억지스러운 대화나 회식은 불필요했으며 상대방을 일방적으로 설득하려는 시도는 효과가 없었다.

요즘 이대로 씨는 직장에 출근하는 일이 즐겁다고 생각하고 있다. 과거에는 대화도 되지 않는 관리자들과 함께 일하는 것이 고역이었다. 걸핏하면 회의를 하자고 하지만 자기 생각은 하나도 반영되지 않는 형식적인 회의였다. 회의 결과는 늘 김대명 차장이 원하는 대로 결론이 났고 나머지 사람들은 수동적으로 따라야 했다. 회의만 끝나면 해야 할 일이 산더미 같았다. 그날그날 마무리해야 할 일도 적지 않은데 회의만 하면 새로운 일이 생기니 가급적 회의에 들어가지 않아야 추가적인 업무

4. 리더로 성장해가는 Zoomer의 셀프 코칭

가 생기지 않는다고 생각했다. 그런데 최근에 변화가 일어나서 본인도 신기하게 생각하고 있다.

과거에 꼰대 짓을 일삼던 김대명 차장의 행동이 눈에 띄게 달라졌다. Zoomer들을 이해하고 싶다고 말로만 하는 것이 아니라 리버스 멘토링 같은 제도를 만들어서 진심으로 Zoomer들을 이해하려고 노력하고 있다. 또한, 챌린저스 앱을 흉내 내는 것을 넘어서 본인부터 솔선수범하고 있다는 느낌이 들게 만들었다. 구성원들의 불만과 어려움이 무엇인지 파악하려고 애쓰고 있고 그 내용을 수렴하고 반영하려고 노력하고 있다는 것을 알게 되었다. 김대명 차장과 자연스럽게 대화를 나누고 업무 개선 활동에 참여하고 있는 자신을 발견할 때마다 이대로 씨는 스스로 놀라고 있다. 업무에 자신의 의견이 반영되기 시작하고 합리적으로 의견이 조정되는 모습을 보면서 이 회사에서 자신이 성장할 수도 있겠다는 생각도 든다. 마음이 열리자 이대로 씨는 자신도 모르는 사이에 자신이 부쩍 업무에 몰입하고 있다는 사실이 실감 나기 시작한 것이다.

Chapter 1

오스본 효과
Osborne Effect

이제 이런 질문을 던져야 할 단계까지 왔다. 제도화
된 소통과 코칭을 조직 내에 성공적으로 안착시키면
Zoomer들과의 협업은 해피엔딩으로 끝이 날까. 필자의
대답은 그렇지 않다고 말하고 싶다. 한쪽의 부단한 노력
만으로 해피엔딩이 되는 경우는 거의 없다. 한 개인의 성
공이란 개인의 부단한 노력에다 주변의 도움으로 이루어
지는 것과 같은 이치이다. 성공이란 수많은 변수가 절묘

4. 리더로 성장해가는 Zoomer의 셀프 코칭

한 타이밍 안에서 자연스럽게 합치될 때 가능한 법이다. 사소해 보이는 한두 가지 변수가 어깃장을 놓게 되면 성공은 저 멀리 달아나는 속성을 가지고 있다. 기성세대와 Zoomer들과의 협업도 그렇다. Zoomer들은 머지않아 미래의 리더가 될 사람들이기 때문에 더욱 그렇다.

우리가 이 시점에서 도움을 받아야 할 개념이 있다면 '성장통Growing Pains'이라는 것이다. 기업, 공공기관이나 지자체 등 모든 조직은 반드시 성장통을 경험한다. 한 번도 아니고 수차례에 걸쳐 매 단계 성장통을 겪는다. 외부환경과 조직의 사업 내용에 불일치가 일어나거나 조직의 목표 달성과 구성원의 욕구 간에 정합성이 깨질 때 성장통은 발생하게 되어 있다. 기성세대와 Zoomer 들과의 협업에 문제가 발생하는 것도 성장통의 일종이다. Zoomer들의 참신한 생각과 디지털 능력이 뛰어나다고 해서 조직이 성장하지는 않는다. 그들과의 협업이 완성되었다고 해서 모든 문제가 해결된다고 믿는다면 이 또한 순진한 생각이다. 우리는 뛰어난 아이디어와 창의적인 발상으로 무장한 실리콘 밸리의 젊은이들이 혜성처럼 등장했다가 번개처럼 사라지는 경우를 수도 없이 목격하고 있다.

1980년대에 휴대용 컴퓨터에 대한 소비자의 욕구를 읽고 최초로 노트북 개념의 컴퓨터를 개발한 회사가 있었다. 지금은 아무도 기억하지 못하지만, 그 컴퓨터의 이름은 오스본 컴퓨터Osborne Computer이다. 혁신적인 제품으로 창업 2년 만에 1억 달러라는 매출을 달성했지만, 창업 3년째 되던 해에 갑자기 파산했다. 무슨 일이 일어난 것일까?

이유는 간단하다. 아직은 출시될 수 없는 미래 제품이 너무 이른 시기에 공개되는 바람에 기존에 출시된 제품마저 팔리지 않았다. 오스본 컴퓨터는 초기 모델(오스본 1)을 판매하고 있었지만, 경쟁사를 압도하려는 욕심이 앞선 나머지 아직 출시할 수도 없는 다음 모델을 선제적으로 광고하는 바람에 현재의 제품에 대한 고객들의 구매 욕구를 떨어뜨리고 말았다. 대폭 할인된 가격으로 판매를 시도했지만, 고객들의 마음은 요지부동이었다. 조금만 더 있으면 새로운 제품을 살 수 있는데 굳이 헌 제품을 싼값에 구매할 이유가 없다고 본 것이다. 결국 오스본 컴퓨터의 현금 흐름은 멈추었고 1983년에 파산하고 말았다.

이를 일러 사람들은 오스본 효과Osborne Effect라고 명명하게 되었다. 오스본 효과란 신제품에 대한 제대로 된 준비와 혁신 없이 서둘러 아이디어 수준의 콘셉트를 알려 버리는 현상, 결국 기존 제품의 이미지마저 망쳐 버리는 현상을 지칭하는 것이다.

유사한 현상이 Zoomer들과의 협업에서도 발생할 수 있다. Zoomer들이 대거 조직으로 유입하게 됨에 따라 많은 회사가 허둥지둥 당황하기 시작한다. Zoomer들과의 협업을 강화하기 위해 설익은 방법을 도입하기 시작한다. 여기저기 이름난 교육과 제도를 벤치마킹한다. 심지어 언론플레이를 통해 리버스 멘토링을 도입했다고 광고하기도 하고 절대 평가제도를 정착시켰다고 홍보한다. 그러나 정작 그 회사를 방문해 보고 직원들과 인터뷰해 보면 실상은 다르다. 무늬만 흉내 내고 있을 뿐이다. 때에 따라서는 그 회사의 담당자가 자기 실적을 부풀리기 위해, 공기업의 경우에는 경영평가에서 좋은 점수를 받기 위해 무늬만 Zoomer들과의 협업을 강조하는 경우도 적지 않다. 만약 이런 상황이라면 우리가 우려하는 성장통은 쉽게 치유되지 않는다. 체계적인 노력 없이 흉내만 내는 데 그친다면 성장통은 그 증상이 오히려 악화되고 오스본 효과를 경험하다가 끝내 조직 자체가 소멸되어 버릴지도 모른다.

『기업 성장을 방해하는 10가지 증상Growing Pains』에서 UCLA의 에릭 플램홀츠는 이렇게 말한다. 성장통이란 기업의 매출, 수익과 함께 조직의 규모는 확대되고 있는데 조직 내부의 역량과 인프라는 이에 미치지 못하는 현상. 마치 어린아이들의 몸은 성장하고 있는데 정신적 성숙도가 그에 미치지 못함으로 인해 심각한 혼란을 겪고 있는 상황에 비유할 만하다. 따라서 조직의 규모는 어느 정도 큰 상태인지? 그에 반해 조직 내 역량(시스템과 인프라)은 어느 정도 발전했는지? 이 두 가지 갭을 비교해 보라는 것이다. 조직발전의 갭Gap을 면밀히 분석하고 그것을 극복할 준비를 하지 않는다면 어떤 기업이라도 순식간에 소멸될 수 있다고 한다. 에릭 플램홀츠가 성장통을 예측하는 증상은 아래와 같다. 각자 속해 있는 조직마다 체크리스트로 활용해 보자.

성장통 체크리스트

① 직원들이 하루로는 시간이 모자란다고 느낀다.

② 예상치 못한 급한 일에 시간이 많이 빼앗긴다.

③ 대부분의 직원들은 다른 직원의 일에 대해 알지 못한다.

④ 직원들이 기업의 궁극적인 목표를 모른다.

⑤ 좋은 관리자를 찾아보기 힘들다.

⑥ 혼자 해야만 일을 제대로 처리할 수 있다고 생각하는 직원들이 많다.

⑦ 회의는 시간 낭비라고 생각하는 직원들이 많다.

⑧ 계획을 세우는 경우가 드물며, 세운다 해도 사후 관리가 안 되어 방치되는 경우가 많다.

⑨ 회사 내에서 자리에 불안을 느끼는 직원들이 많다.

⑩ 매출은 계속 증가하는데, 이윤은 그것을 따라가지 못한다.

만약 성장통 체크리스트에 체크를 다 했다면 Zoomer 들과의 소통 및 협업과 연관 지어 생각해 보자. 예를 들면 4번 "직원들이 기업의 궁극적인 목표를 모른다."에 체크했다면 어떻게 해야 할까. 모르면 모른 채로 방임하는 것이 옳은 일일까. 그렇지 않다. 여러 가지 이유가 있겠지만 반드시 공유하도록 해야 한다. 본인이 소속된 회사의 궁극적인 목표, 즉 비전을 공유하는 것은 조직 내부의 역량을 한 방향으로 향상시키는 일이다. Zoomer 들이 가장 선호하는 방법을 사용해야겠지만 그 자체를 모르도록 방치한다면 오스본 컴퓨터 사례와 같은 현상이 일어날 수도 있다.

마찬가지로 6번 "혼자 해야만 일을 제대로 처리할 수 있다고 생각하는 직원들이 많다."에 체크했다면 어떻게 될까. 혼자 해도 좋을 일이 있고 함께해서 시너지를 내야 할 일이 있다는 것을 반드시 알게 해야 한다. 함께 일하는 법을 배우는 것은 관리자의 역량 중에서도 가장 중요한 역량이다. Zoomer들이 선호하는 방법을 사용하되 그 자체를 방임해서는 안 된다. 그대로 방치하면 Zoomer들이 관리자가 될 무렵 관리자로서의 효과적인 역할을 배울 수 없게 된다. 이 또한 무방비 상태의 오스본 컴퓨터처럼 될지도 모를 일이다.

8번 "계획을 세우는 경우가 드물며 세운다 해도 사후 관리가 안 되어 방치되는 경우가 많다."에 체크했다면 어떻게 될까. 이 또한 중요한 내부 역량이다. 업무를 계획하고 실행하고 사후 관리하는 능력을 갖추지 못하면 고객과의 약속을 지킬 수 없다. 고객과의 약속을 지키지 못하면 현금 흐름을 지속적으로 창출할 수 없다. 마치 오스본 컴퓨터처럼 준비도 안 된 상태에서 성급하게 신제품을 발표하는 우를 범할지도 모른다.

Chapter 2

친절한
사람이 되라

오스본 컴퓨터 사례가 보여주는 비유는 이렇다. 준비
안 된 신제품(Zoomer)을 너무 일찍 세상에 공표해 버리는
바람에 기존제품(M세대 이상 기성세대)마저 팔리지 않았다!
이와 같은 우를 피하는 구체적인 방법은 무엇일까. 답은
물론 Zoomer들의 참신한 아이디어와 디지털 창의력을
조직의 핵심역량으로 만들어 내는 것이다. 아이디어를
구체적인 실천 방법으로 만들기 위한 첫 번째 필살기는

4. 리더로 성장해가는 Zoomer의 셀프 코칭

Zoomer들이 기성세대들과 협력하는 방법을 배우는 것이다.

매일경제신문이 의뢰하고 인크루트가 조사한 결과에 따르면, 기업의 인사담당자들이 코로나 학번들에 대해 53.8%가 경쟁력 하락을 우려한다고 응답했다. 코로나 학번이란 코로나 팬데믹이 확산되기 시작한 시점에 대학 생활을 시작한 학생들이다. 대부분의 수업이 비대면(Zoom)으로 전환되고 친구들과의 교류도 거의 사라진 때에 학창 시절을 보낸 사람들이다. 학점 인플레로 인해 다들 좋은 점수를 받고 졸업을 했지만 학점에 대한 기업의 신뢰는 오히려 떨어졌다. 또한, 기업에서는 코로나 학번들에 대해 조직 내 융화와 적응(65.6%), 협업 등 팀워크(52.7%)에 대한 우려를 나타내고 있다.

기업 인사담당자들이 현장에서 느끼는 불편함을 단순히 기성세대들의 편견으로만 치부할 수는 없다. 앞에서 누누이 강조한 것처럼 기성세대들이 제도화된 소통과 코칭 필살기를 통해 Zoomer들과 진정한 소통을 이루어내야 하는 것처럼 Zoomer들 역시 기성세대들과 협력하는 기술을 배워야 할 필요가 있다.

협력은 단지 기업의 인사담당자들이 불편하다고 호소하기 때문에 필요한 역량이 아니다. 협력은 생존에도 유리할 뿐만 아니라 경쟁에서도 유리하다. 흔히 다윈의 '적자생존'을 오해한다. 가장 공격적이고 가장 강한 자가 살아남는다고 잘못 이해하고 있지만, 많은 동물학자는 가장 '친절한' 동물들이 생존하고 진화해 왔다고 주장한다. 친절함의 요체는 상대방과 협력할 줄 아는 능력을 말한다. 호모 속屬에 속하는 수많은 인류 중에 유독 호모 사피엔스가 살아남은 이유도 협력적 의사소통이 가능했기 때문이다. 협력적 의사소통이 가능하면 공동의 목표를 향해 합심할 수 있다. 호모 사피엔스보다 더 크고 강인했던 호모 에렉투스에게는 이런 능력이 없었다는 것이다.

요즘 세상에서도 마찬가지이다. 유능하지만 저돌적인 사람은 초반에 성공을 거둘 수는 있지만 오래 버티기 어렵다. 공격성은 그 자체가 스트레스를 유발하기 때문에 쉽게 무너진다. 반면에 '친절하고 다정한' 사람들은 상대방과 좋은 관계를 유지할 수 있기 때문에 오래 버틸 수 있다. 결국 최후의 승자는 친절하고 다정한 동물들이다. 생물학자들은 이런 현상을 '자기 가축화Self-Domestication'라는 말로 설명한다. 특정 종이 스스로 가축화되어 공격성은 줄고 인내심은 증가하여 집단 내에서 오래 살아남는 능력을 터득하는 현상을 말한다. 늑대는 왜 야생에서 다른 동물들과 투쟁하면서 살다가 멸종 위기에 처해 있고, 개는 왜 인간과 더불어 사는 삶을 선택하여 수억 마리로 개체 수가 증가했는지를 생각해 보자.

Zoomer들은 협력하는 방법을 배워야 한다. 기성세대가 마음에 안 든다고 회피하거나 불평한다고 해서 문제가 해결되지 않는다. 오히려 협력하는 방법을 통해서 자신들의 강점을 활용하는 법을 생각해 보아야 한다.

아무리 유능한 사람도 혼자서 모든 것을 다 해낼 수 없다. 매일매일 우리는 다른 사람과 소통하고 협력하며 업무를 처리한다. 그 과정에서 스트레스가 쌓이고 좌절을 겪기도 한다. 누구도 이 과정을 피해 갈 수 없고 협력의 기술을 배움으로써 슬기롭게 극복해 나가야 한다. Zoomer라고 해서 예외는 아니다.

Zoomer들을 위해 데이비드 스트라우스가 소개하는 협력의 기술 5가지 원리와 자기 가축화의 개념을 결합하여 아래에 제시한다.

(1) 적절한 이해관계자를 참여시킨다.
　　- 내 업무와 관련 있는 사람들에게 의견을 묻고 그들의 의견 중 합리적인 내용을 반영한다.
　　- 그들의 공격성은 낮추고 나의 인내심은 높아진다.

(2) 단계마다 합의를 이끌어 낸다.
　　- 시간이 걸리겠지만 단계별로 궁금한 내용들을 지속적으로 인

풋 해 준다.

– 그들의 의구심은 해소되고 나의 신뢰도는 증가한다.

(3) **프로세스 맵을 만든다.**

– 일의 순서와 절차를 그림으로 나타낸다.

– 그들의 이해력은 강화되고 나의 자신감은 상승한다.

(4) **프로세스 퍼실리테이터를 임명한다.**

– 주요 프로세스에서 관리자에게 지원을 요청한다.

– 그들의 관여도는 높여주고 나의 긴장감은 낮춰준다.

(5) **회의할 때는 반드시 메모하고 사후관리를 한다.**

– 핵심 내용을 숙지하고 뒷정리한다.

– 그들의 지지는 공고해지고 나의 업무 장악력은 향상된다.

Zoomer들이여, 기억하라. 유능함이 아니라 다정함이 미래를 보장한다.

Chapter 3

솔직하게
자신을 드러내라

협력의 기술을 터득하지 못한 사람은 누구나 꼰대가
된다. 베이비부머를 꼰대라고 욕했던 X세대도 꼰대가
되었고 그 X세대에게 배신감을 느꼈던 M세대도 꼰대가
되고 말았다. Zoomer라고 해서 다를까. Zoomer들 역
시 뒤따라오는 알파 세대들에게 꼰대라는 소리를 안 듣
는다는 보장은 없다. 제대로 된 노력이 없으면 그렇게

꼰대가 된다.

원래 꼰대의 사전적 정의는 '자기의 구태의연한 사고 방식을 타인에게 강요하는 사람'이라고 앞에서도 얘기했다. 그동안 꼰대는 아버지나 교사 또는 직장 상사 등 나이 많은 남자를 지칭하는 단어로 사용되었다. 그러나 요즘에는 '자기 경험을 일반화해서 남에게 일방적으로 강요하는 사람'을 일컫는 말로 확장되고 있다. 나이에 상관없이 자기 경험을 강요하는 사람은 누구나 꼰대가 된다는 뜻이다. 그래서 젊은 꼰대가 나타나는 것이고 이것을 줄여서 '젊꼰'이라고 한다. 실제로 나이는 젊은데 자기 생각이 무조건 맞다고 우겨대는 젊은이들을 심심 찮게 목격한다. 자신만의 경험과 생각에 갇혀 상대방을 함부로 판단하는 것은 기성세대와 다를 게 없다. 동전의 양면일 뿐이다.

그래서 협력의 기술 말고도 Zoomer들에게 필요한 필 살기가 하나 더 있다. 두 번째 필살기는 개방성의 기술이다. 나와 다른 경험을 가진 사람들에 대한 개방적 태도와 사고방식이 꼭 필요하다. 만약 개방적 태도 없이 Zoomer로서의 정체성만으로 사람을 대한다면 오만과 편견에 갇히기 십상이다. 마치 기성세대들이 자신들의 경험과 생각에만 사로잡혀 Zoomer들에게 자신들의 방식을 강요하는 것처럼 Zoomer들 역시 자신들의 경험과 생각을 기성세대들에게 강요하는 꼴이 된다. 개방성은 인간관계에서 매우 중요한 기술이다. 내 생각과 감정을 가감 없이 열어서 보여주는 기술이다. 그런데도 많은 사람이 자신의 마음을 있는 그대로 보여주는 것을 두려워한다. 협력의 기술조차 개방성 없이는 도달 불가능하다.

Zoomer들을 위한 개방성의 기술을 몇 가지로 정리해서 제시한다.

첫째, 솔직하게 말하는 연습을 하자. 솔직하다는 것은 현재 자기 생각, 감정, 느낌을 있는 그대로 말하는 것이다. 이 단계부터 사람들은 어려워한다. 내 마음을 들

4. 리더로 성장해가는 Zoomer의 셀프 코칭

키면 다른 사람들이 나를 어떻게 평가할까. 이런 생각부터 하면 자신의 마음을 숨기게 되고 개방성은 낮아진다. 그런데 한 가지만 기억하자. 다른 사람들은 내 생각만큼 나에게 관심이 없다! 따라서 자기 자신에게 진실하게 행동하는 것이 우선이다.

둘째, 상대방의 말을 잘 듣는 연습을 하자. 이 또한 쉽지 않다. 사람들은 다른 사람들이 말을 할 때 잘 듣지 않고 자기 말을 준비하는 경향이 있다. 잘 듣고 난 후 궁금한 것은 질문을 하자. 상대에게 관심을 가져야 상대를 알 수 있고 그러면 자신의 마음을 여는 것도 수월해진다.

셋째, 자기 자신과 친해지는 연습을 하자. 개방성은 자기 자신을 열어 보이는 일이다. 많은 사람들이 의외로 자기 자신을 모른다. 자신이 무엇을 좋아하고 무엇을 싫어하는지 모른다. 어떤 것을 왜 좋아하고 왜 싫어하는지도 모른다. 그러니까 자신을 있는 그대로 드러내지 못한다. 자기 자신을 잘 모르는 사람은 남과 비교하면서 남을 따라 하기 쉽고 자신이 진정으로 원하는 것을 선택하는 법도 모른다. 자기 자신과 친하지 않은 사람은 개방성도 낮다.

Zoomer들이 '젊꼰'이 안 되는 방법은 의외로 간단하다. 개방성을 높이는 것, 개방적인 태도와 사고방식을 기르는 것이다. 개방적인 사람만이 나와 다른 사람들을 포용할 수 있다. 개방적인 태도를 가진 사람만이 더 많은 것을 볼 수 있고, 자기의 구태의연한 생각을 타인에게 강요하지 않는다.

Chapter 4

상사를
관리하라

협력의 기술과 개방성의 기술을 가진 Zoomer들이 배워야 할 세 번째 필살기는 상사 관리의 기술이다. 막 직장에 입사하여 사회생활을 시작한 사람들에게 상사 관리의 기술은 매우 중요한 스킬이다. '상사 관리'라니! 여전히 수직적인 조직문화가 강한 우리나라에서는 상당히 생경한 용어가 아닐 수 없다. 감히 부하가 상사를 관리한다는 생각을 할 수 있다는 말인가.

그러나 Zoomer들에게는 매우 필요한 기술이다. 상사 관리란 상사에게 영향력을 발휘하는 긍정적 활동이다. 경영학자 가바로와 코터는 『상사 관리Managing Your Boss』에서 직원이 자신의 상사에게 대처하는 두 가지 방법을 소개한다. 하나는 역의존적 관계이다. 상대방의 권한을 인정하지 않기 때문에 전혀 의존하지 않는다는 뜻이다. 이 경우 부하가 상사를 바라보는 관점은 적대적이다. 이런 관계는 대립적이고 충돌이 자주 일어난다. 또 다른 하나는 과다 의존적 관계이다. 권한을 가진 상사에게 부하가 과도하게 의존하는 관계이다. 상사의 권한에 토를 달지 않으며 절대복종한다. 상사가 내리는 지시나 결정이 자기 생각과 다르더라도 이의를 제기하거나 다른 의견을 제시하지 않는다.

Zoomer들이 배워야 할 기술은 어느 쪽일까? 당연히 양쪽 다 아니다. 그 중간이다. 이를 일컬어 상호의존적

Inter-dependent이라고 한다. 상사와 부하가 서로 의존하는 관계, 다른 말로 하면 서로를 필요한 존재로 인식하면서도 과도하게 의존하지 않는 관계를 말한다. 상대방의 강점을 활용하고 약점을 보완해 줄 수 있는 이상적인 관계이다.

역의존 ◀──────── 상호의존 ────────▶ 과다의존

이런 이상적인 관계를 우리는 '상사 관리'라고 한다. 그렇다면 이것이 현실에서 적용 가능하다는 얘기일까. 쉽지는 않지만 가능하다. 그래서 팔로워십followership이란 용어가 등장했다. 원래 '따르는 자'란 뜻을 가진 'follower'란 단어는 '돕다, 후원하다.'란 뜻의 고어古語 독일어인 'follaziohan'에서 유래하였다. 자기에게 없는 무언가를 가진 존재가 자신을 도울 때 사용한 말이다. 어원語源대로 정의한다면 follower란 '리더에게 꼭 필요한, 리더가 갖고 있지 못한 어떤 것을 가진 파트너'라고 한다. 원래 의미의 팔로워에 가깝게 행동하는 사람이라

면 이미 상사 관리가 잘되고 있는 것이다. 우리말로 '상사 관리'라고 해도 어색하고 영어로 'Follower'라고 해도 그냥 말 잘 듣는 사람이라는 느낌을 주지만, 진정한 의미의 상사 관리는 오늘날 Zoomer들에게 꼭 필요한 기술이라고 할 수 있다.

그러면 Zoomer들을 위한 상사 관리, 좋은 의미의 팔로워가 되기 위한 기술은 어떻게 발휘될 수 있을까.

첫째, 양립할 수 있는 업무 스타일에 대해 협의하라.

상사와 Zoomer가 정확히 똑같은 업무 스타일을 가질 필요는 없지만 양립할 수 있는 스타일을 만드는 것이 중요하다. 양립 가능하다는 것은 서로 허용하거나 용인될 수 있다는 뜻이다. 매일 혹은 그보다 더 자주 회의를 갖기 좋아하는 상사는 일주일에 한 번만 회의했으면 하는 Zoomer들과 양립할 수 없을 것이다. 공식적 혹은 비공식적 환경에서 함께 보내는 시간의 양을 협의함으로써 양쪽 모두가 적응할 수 있는 합의된 업무 스타일을 도출

　　　　　4. 리더로 성장해가는 Zoomer의 셀프 코칭

해야 한다.

둘째, 상호 간의 기대치를 조율하라.

부하직원으로서 상사가 기대치, 우선순위, 변화를 공유해 주기를 바라겠지만 반드시 그렇게 해 주리라고 가정해서는 안 된다. 상사의 기대치를 명확히 이해하는 일은 궁극적으로 Zoomer들의 몫이자 책임이다. 상사가 무엇을 기대하는지 안다고 섣불리 가정하는 데는 위험이 따른다. 최선의 행동 방침은 질문을 통해 기대치의 정확성을 직접 확인하는 것이다.

셋째, 정보를 공유하라.

'정보가 필요하면 상사가 요청하겠지.'라고 가정하는 것은 잘못된 태도다. Zoomer로서 당신은 끊임없이 정보를 알려주어야 한다. 당신이 상사라면 무엇을 알고 싶겠는가? 상사에게 좋은 소식만을 알려주고 싶은 충동을 자제하라. 잠재적인 문제점이 일찍 표면화될수록 상사가 상황을 전환시킬 시간이 더 많이 확보된다. 시간이 지나면서 정보의 흐름에도 리듬이 생길 것이다. 경험상 관계의 초기일수록 보다 많은 상호작용을 갖는 것이 좋다.

넷째, 정직함으로 신뢰를 유지하라.

부정직과 신뢰 부족보다 더 빨리 관계를 망가뜨릴 수 있는 것은 없다. 정직함이란 말한 대로 실천하고 사실을 있는 그대로 이야기하는 것을 의미한다. 뭔가를 실제보다 더 좋거나 나쁘게 꾸미면 단기적으로 원하는 바를 이룰 수는 있겠지만 상황의 진실은 언젠가 드러나게 마련이고 혹독한 대가를 치러야 할 것이다.

경영의 구루 피터 드러커는 이렇게 말한다. "상사를 좋아하거나 존경할 필요도 없고 미워할 필요도 없다. 하지만 성취, 업적, 개인적 권한의 원천으로 삼기 위해 상사를 관리할 필요는 있다. 직장 생활에서 가장 중요한 관계는 상사/부하 관계이다. 상사에게 영향력을 발휘하는 행동, 즉 상사 관리는 매우 긍정적 활동이다."

비록 우리 문화권에서는 낯선 개념이지만 이미 우리의 Zoomer들은 수평적 관계를 원하고 있고 자기 삶을 주도적으로 설계하길 바란다. 그렇다면 말로만 할 것이 아니라, 양립할 수 있는 업무 스타일을 협의하고 상호 간의 기대치를 조율하며 정보를 공유하고 정직함으로 신뢰를 유지해 나갈 수 있어야 한다.

Chapter 5

자신만의
'아우라'를 창조하라

    Zoomer들을 위한 네 번째 필살기는 자신만의 '아우라'를 창조하는 것이다. 아우라Aura는 특정한 사람, 특정한 물건만이 가지고 있는 고유한 분위기라는 뜻이다. 고유한 분위기는 절대 다른 것을 복사하거나 복제해서는 생기지 않는다. 비운의 철학자이자 미학자였던 발터 벤야민은 그의 저서 『기술 복제 시대의 예술작품』(1935)에서 오직 원본original만이 범접할 수 없는 고고한 분위기, 즉 '아우라'를 발산한다고 했다. 복제품에서는 아우라를 느낄 수 없다.

그런데 요즘 우리가 사는 세상은 어떤가. 대량생산, 대량 복제품의 시대다. 한때 오리지널로 여겨졌던 수많은 예술작품, 생활용품들이 대거 복제되기 시작했고 가격은 상상 이상으로 저렴해졌다. 잠시 오리지널이 생겼다가도 여기저기서 복제품이 넘쳐난다. 제품은 물론이고 아이디어를 복제하는 복제품, 그 복제품의 복제품이라는 시뮬라크르simulacre까지 도처에 즐비하다. 가히 복제품의 전성시대가 열렸다고 해도 과언이 아닌데, 여기서 드는 의문이 있다. 왜 사람들은 복제품이라도 가지려고 하고 그 수요를 간파한 수많은 복제 생산자가 생겨나는 것일까. 역으로 생각해 보면 그만큼 '오리지널'을 가지고 싶은 욕망이 아닐까. 사람들은 복제품을 통해서라도 오리지널을 소유하고 싶어 하고 그 바람에 오리지널의 가치는 천정부지로 올라간다.

인터넷과 스마트폰, 아바타와 챗GPT가 세상을 지배하는 요즘, 자신만의 아우라는 어떻게 만들 수 있을까. Zoomer들에게 이보다 더 중요한 과제는 없다. 이 거칠고 험한 기술복제시대에 살면서 자신만의 고유한 아우라가 없이는 '기계'보다 못한 존재로 전락할 수도 있기 때문이다. 그러나 '아우라'라는 단어를 '나다움' 또는 '나답게 사는 것'이라는 말로 환치할 수 있다면 조금은 쉬운 일이라는 생각이 든다. 사람은 누구나 자기만의 고유한 유전자가 있고 자기만이 욕망하는 삶이 있고 자기에게 기쁨을 주는 일이 있다. 누구나 개별적이고 독자적인 경험과 관점을 가지고 있다. 자신의 개별성과 독자성은 사회생활을 하면서 '망각'했을 뿐이다. 이 '망각'의 세월을 되돌리는 방법을 알 수만 있다면 우리는 자신만의 고유한 나다움을 발견하고 그것을 바탕으로 자신만의 아우라를 발전시킬 수 있지 않을까.

Zoomer들이 자신만의 아우라를 발전시키는 첫 번째 방법은 무슨 수를 써서라도 '자기만의 시간을 확보'하는 것이다. 군중 속에서 자신을 찾을 수는 없다. 집단 속에서 나다움을 찾기란 하늘의 별 따기만큼이나 어려운 일이다. 군중과 더불어 집단 속에서 살아가는 것이 인간의 삶이지만 그 속에서 자신을 잃는 순간 아우라는 사라진다. 그렇다면 자신만의 시간을 확보하는 방법은 무엇일까. '고독해지는 것'이다. 정확하게 말하면 고독해지는 연습인 셈이다.

시인 장석주는 『고독의 권유』에서 느림과 고요한 삶이 가져다주는 감동을 이야기한다. 도시에서 사는 삶의 속도가 힘에 겨울 무렵 도시를 떠나 시골 생활을 시도해 본다면 자신도 몰랐던 자신(나다움)을 발견하게 될 것이다. 만약 모든 것을 정리하고 시골로 내려갈 상황이 아니라면? 그래도 방법은 있다. 버지니아 울프라는 작가는 "무슨 수를 써서라도 여행하고 빈둥거리며 세계의 미래와 과거를 사색하고 책들을 보고 공상에 잠기며 길거리를 배회하고 사고의 낚싯줄을 긴 흐름 속에 깊이 담글 수 있기"를 권한다. 물론 두 분 다 글을 쓰는 작가들이기에 생각해 낸 방법이라고 볼 수 있지만 이 중의 하나는 누구나 실천할 수 있는 방법이기도 하다.

〈황소〉의 작가 이중섭. 그는 부유한 집안의 자손이었으나 한국전쟁으로 인해 인생이 180도 달라졌다. 북한의 원산에서 부산을 거쳐 통영으로, 다시 서귀포까지 피란을 떠나야 했다. 급기야 일본인 아내와 어린 두 아들을 일본으로 보내야 하는 상황에 처한다. 가족들의 생존을 위해 가족과의 이별을 선택할 수밖에 없었던 화가의 고독 앞에 무슨 말이 더 필요할까. 그러나 이중섭은 주저앉지 않는다. 종이와 연필만으로 그림을 그린다. 종이라고 해 봐야 담뱃값밖에 없었어도 가족에 대한 화가의 그리움을 잠재울 수 없었다. 생이별한 가족을 끝내 만나지 못하고 그는 눈을 감았지만, 지독했던 그의 고독은 자신만의 '아우라'를 가진 예술작품으로 탄생했다. 아래 시는 이중섭이 남긴 「소의 말」이라는 시다. 황소를 관찰하다가 소도둑으로까지 오해받았다는 그의 관찰력을 살펴보고 가자.

4. 리더로 성장해가는 Zoomer의 셀프 코칭

소의 말

높고 뚜렷하고
참된 숨결
나려나려 이제 여기에
고웁게 나려

두북두북 쌓이고
철철 넘치소서

삶은 외롭고
서글프고 그리운 것

아름답도다 여기에
맑게 두 눈 열고

가슴 환히 헤치다.

천재 화가 이중섭의 시는 그의 고독이 빚어낸 한 폭의 수묵화처럼 아련하면서도 온전하게 살아있다. 소가 하는 말이라는 형식을 통해 자신의 고독을 절제 있게 표현하는데도 남들이 흉내 내지 못하는 아우라를 간직하고 있다.

아우라는 자신만의 경험과 자신만의 관점을 자연스럽게 드러내는 것이다. 여기서 Zoomer들을 위한 두 번째 방법을 이야기하고자 한다. 자신만의 '스토리'를 만들어야 한다. 과거처럼 좋은 대학을 나와서 좋은 직장을 다니는 것만으로 자신만의 스토리는 완성되지 않는다. 만약에 그렇게 살아간다면 수많은 복제품 중 하나에 불과하다. 가장 안전한 길로 자기 삶을 설계할 뿐 남과 다른 아우라를 창조하지는 못한다. 평범하지만 조금은 여유 있는 직장인 이상은 될 수 없다. 직장 생활을 해도 좋고 개인 사업을 시작해도 좋다. 어떤 삶이 다른 삶보다 우월하다고 얘기하자는 것이 아니다. 언제든 어디서든 '자기다움'을 발견하고 그것을 확장해 나갈 방법은 얼마든 있다.

그렇다면 '자기만의 스토리'는 어떻게 만들어 나갈 수 있을까. '색다른 시도'를 하는 것이다. 처음부터 잘할 수는 없다. 처음부터 스토리를 만들어 낼 수도 없다. 자기 마음에 와닿는 것을 찾아서 일단 해 보는 것이다. 맛에 진심인 사람은 맛을 찾아서 전국의 맛집을 찾아다니는 것이다. 코딩에 진심인 사람은 NYPC(넥슨 청소년 프로그래밍 챌린지)에 도전해 보는 것이다. 웹툰에 진심인 사람은 일본, 한국 등 전 세계의 웹 코믹을 섭렵해 보는 것이다. 만약 직장 생활을 하는 Zoomer라면 자기 부서의 업무를 알파부터 오메가까지 직접 경험해 보는 것이다.

인생이란 어떤 일이든 슬쩍 스쳐 지나간다고 알 수 있는 것이 아니다. 가장 높은 단계부터 가장 낮은 단계까지 속속들이 알지 못하고는 안다고 할 수 없다. 속속들이 파고 난 후에야 비로소 남들이 미처 보지 못했던 것들이 보이지 않겠는가. 바로 여기서 '색다른 시도'가 시

작된다. 색다르다는 것은 바로 '남들이 보지 못했던 것'
이다. 어떤 업무든 어떤 직업이든 반드시 남들이 미처
보지 못했던 것들은 존재한다. 그런데 그것들은 한번 쓱
본다고 보이는 것이 아니다. 흙 속의 진주처럼 파묻혀
있다. 뭔가에 진심인 사람에게만 보이는 마술 아닌 마술
이다.

　IT기술과 인문학의 통합을 외쳤던 스티브 잡스를 생
각해 보자. 20세기 최고의 경영자이자 사업가였던 스티
브 잡스는 누가 봐도 뛰어난 IT 엔지니어도 아니었고 인
문학 분야의 유명한 학자도 아니었다. 다만 그는 최고로
아름다운 PC를 만들겠다는 시도를 하며 살아왔을 뿐이
다. 그에게 아름답다는 것은 디자인이었고, 사용자 편의
성이었고, 폰트(서체)였고, 자기 삶 그 자체였다. 그 결과
IBM 계열의 컴퓨터는 흉내 낼 수 없는 PC가 만들어졌고
아이팟이 탄생했으며 지금도 아이폰, 아이패드가 세상
을 지배하고 있다. 단순한 기술 복제품이 될 수 있었는
데, 그는 자신이 만드는 제품을 예술의 반열에 올려놓았

다. 스티브 잡스를 빼놓고 아우라를 얘기할 수 있을까.

　이런 상황은 예나 지금이나 마찬가지다. 지금부터 약 150년 전에 인상주의 화가들이 있었다. 19세기 말 프랑스의 화가들은 살롱전을 통해 자기 작품을 발표했다. 여기에 출품하는 작품들은 심사위원들의 기준에 맞는 것이어야 했다. 심사위원들이 생각하는 좋은 작품이란 선명한 색상과 교훈적인 내용으로 작품을 표현하는 것이었다. 전통적인 의미의 좋은 작품은 심사위원들이 선호하는 것이어야 했기 때문에 각기 다른 개성과 특성을 표현하려는 인상주의 화가들은 살롱전에서 배척될 수밖에 없었다. 만약 일군의 인상주의 화가들이 여기서 주저앉았다면 오늘날 우리에게 무한한 감동을 주는 인상주의 화가들의 작품은 없었을 것이다. 그들은 독자적인 전시회를 개최하였고 '무명협동협회'를 만들어 165점의 작품을 전시하기 시작했다. 오늘날 우리에게 익숙한 이름, 모네와 세잔, 드가와 르누아르는 그렇게 색다른 시도를 통해 '아우라'를 만들어 냈다. 그들 자신의 힘으로 말이다!

Zoomer들이 자신만의 아우라를 만들어 내는 마지막 방법은 '셀프 브랜딩Self Branding'을 구축하는 것이다. 물론 셀프 브랜딩은 앞서 얘기한 두 가지 방법을 통해 완성되는 것이다. 자신에 대해 충분한 시간을 갖지도 않고 자신만의 스토리도 없는 사람이 어느 날 갑자기 셀프 브랜딩을 할 수는 없는 노릇이다. 이미 세상은 자신을 무조건 알리고 보는 푸시 마케팅Push marketing의 시대가 아니다. 사람들이 나를 저절로 알아보게 만드는 풀 마케팅Pull marketing의 시대이다. 김난도 교수는 마케팅하지 말고 컨셉팅Concepting하라고 조언하고 있다.

Zoomer들의 셀프 브랜딩은 풀 마케팅, 나아가서 컨셉팅하는 단계까지 나아가야 한다. 필자는 컨셉팅이란 '자기다움'을 끝까지 밀어붙이는 것이라고 정의한다. 더는 자기의 과거 경력이 자기를 대변하는 시대가 아니다. 세계 유수의 일류대학을 졸업했다는 것이 더 이상 컨셉팅이 될 수는 없다. 그런 대학을 나온 사람들은 세상에 수두룩하다. 일류 기업을 다니고 있다는 것 또한 컨셉팅이 될 수 없다. 그런 사람들도 셀 수 없을 만큼 많다. 어딘가에서 성공적인 업적을 이루어 냈다는 것조차 컨셉팅이 될 수 없다. 그때와 지금은 다르고 지금은 맞고 그때는 틀리기 때문이다. 항상 'Here and Now(지금 여기)'에서 자기다움을 찾아내고 발전시키지 않는다면 그 누구도 그 사람의 컨셉팅을 인정하려 들지 않을 것이다. 과거의 경력은 그저 취업할 때 이력서에나 쓰는 것이다.

그렇다면 '자기다움'을 끝까지 밀어붙이는 구체적인 방법은 무엇일까. 필자가 생각하는 방법은 간단하다. 자기가 좋아하는 일을 찾아서 끝까지 가는 것이다. 웬 동어반복이냐고 할지 모르겠지만 방법은 그것 말고는 없다. 여기서 말하는 키워드는 두 가지다. 첫째는 '자기가 좋아하는 일'을 어떻게 알 수 있는가이다. 둘째는 '끝까지가 어디까지냐'이다.

우선 대부분의 사람은 자기가 좋아하는 일을 잘 모른다. 심지어 죽을 때까지도 잘 모른다. 이것인가 저것인가 하다가 "끝내 이렇게 될 줄 알았지."라는 버나드 쇼의 묘비명처럼 살다가 죽는다. 다들 먹고살기 위해서 살았을 뿐이고 남들에게 맞춰 살면 중간 정도는 살 수 있다고 믿었기 때문이다. 중간 정도만 가지고 아우라가 생길 리 없다. 그래서 온전하게 자기가 원하는 삶을 산 사람들만이 아우라를 발산할 수 있었던 것이다. 사실 부모나 선생, 상사나 멘토들도 자기 자식이나 후배, 부하들이 뭘 좋아하는지 잘 모른다. 그들에게 묻지 마라. 자신이 찾아야 한다. 어떤 사람은 빨리 찾을 것이고 어떤 사람들은 40살, 50살, 60살이 넘어서 찾을 것이다. 그때까지 계속 찾아보는 것이다. '바로 이거네!'라는 생각이 드는 순간 거기에 몰입하며 사는 것이다. 섣불리 자신이 좋아하는 것을 단정 짓지 말아야 한다. 처음에 좋아한다고 생각했던 것들이 사실은 부모나 사회가 좋아하는 것을 자신이 좋아하는 것이라고 착각하는 경우가 대단히 많다. 늦게라도 알게 되는 것이 아예 모르고 죽는 것보다는 백배 낫다. 그러니 그때까지의 삶을 실패라고 단정 짓지 말자.

자 이제 두 번째 질문으로 돌아가 보자. '끝까지가 어디까지냐'에 대한 대답이다. 사람마다 다르고 상황마다 다르고 직업마다 다르다. 일률적으로 언제까지라고 말할 수 없다. 다만 자신의 직관을 활용해 보라고 권유한다. 열심히 살다가 어느 순간, '이건 아니다.', '이건 막다른 골목이다.', '더 이상 나아갈 방법이 없다.'고 느끼는 순간이 온다. 그때가 돌아서 나올 순간이다. 물론 칸트가 말한 것처럼 우리에겐 오류가 있을 수 있다. 객관적으로 보면 아직은 포기할 때가 아닌데 나의 순수이성이 잘못 판단하는 순간이 있을 수 있다는 말이다. 그래도 어쩔 수 없다. 만약 그것이 잘못된 판단이라면 다시 거기로 돌아가면 되지 않을까. 안 될 이유가 없다.

기성세대들에게도 그랬지만 Zoomer들에게도 자신만의 아우라를 찾기는 더 어려운 세상이 되었다. 과거에 비해 복제품이 대량으로 넘쳐나는 세상이고 자신만의 아우라가 없으면 금방 기성세대들처럼 꼰대가 되는 상황이다. 먼 훗날 Zoomer들이 그렇게 비난했던 기성세대와 자신들의 모습이 똑같다고 느낀다면 어떤 느낌이 들지 생각해 보라. 부끄럽다는 생각이라도 든다면 그나마 다행이다. 대개 꼰대가 되는 사람들은 자신들이 부끄럽다는 생각은커녕 한술 더 떠서 꼰대 짓을 하는 사람들이다.

머지않아 미래의 리더가 될 사람들이 지금의 Zoomer들이다. 뒤이어 따라오는 알파 세대들에게 꼰대라는 소리를 듣지 않으려면 자신만의 아우라를 창조해야 한다. 너무 거창하게 너무 어렵게 생각하지 않아도 된다. 자신에게 허용된 시간과 공간 속에서 하나하나씩 실천해 보자.

우선 자신만의 시간과 공간을 확보해 보자. 누구로부터도 방해받지 않는 시간과 공간 속에서 홀로 천천히 자유롭게 자신을 느껴보자. 여행을 떠나도 좋고 동네 산책을 해도 좋고 빈둥거리며 놀면서 해도 괜찮다. 그때가 진실의 순간이다. 이런저런 상념 속에 자신이 정말 좋아

4. 리더로 성장해가는 Zoomer의 셀프 코칭

하고 또 하고 싶었던 일을 찾아보자. 그런 후, 그와 연관된 색다른 시도를 해 보자. 업무 속에서 해도 좋고 일상생활 속에서 해도 좋다. 지금까지 해왔던 것과 다른 방법으로 시도해 보자. 작고 사소한 일도 좋다. 크고 어려운 일도 좋다. 그 속에서 자신만의 스토리를 만들어 보자. 성공도 스토리이고 실패도 스토리이다. 마지막으로 끝까지 가보자. 자신의 양심이 아니라고 할 때까지 자신의 순수이성이 아니라고 할 때까지 가는 것이다. 그리고 아니다 싶으면 돌아서 나오자. 그것 또한 자신의 스토리이다. 아우라는 그렇게 만들어진다. 아우라는 내가 만들어 내지만 남이 알아줄 때 자연스럽게 생긴다.

일단 아우라가 만들어지면 초超격차는 시간문제이다. 누구도 넘볼 수 없는 격格은 무작정 열심히 일하는 것이 아니라 자신만의 브랜드, '아우라'를 만드는 데 있다. 미래의 리더, Zoomer들이야 말로 자신만의 아우라를 만드는 데 전력을 다해야 한다. 나머지는 저절로 따라온다.

에필로그

결국,
Ego를 넘어야 보인다

추운 겨울 어느 날 고슴도치들은 추위를 이기기 위해 서로 몸을 밀착시켰다. 그러자 서로 찔려 아파서 다시 떨어졌다. 밀착하고 떨어지기를 반복하면서 고슴도치들은 아프지도 않고 춥지도 않은 가장 적절한 거리를 유지하면서 서로를 감쌌다.

- 펠릭스 가타리, 고슴도치의 우화 -

2022년 어느 날, 강연이 끝나자 모 기업의 중역이 필자에게 찾아왔다. "그런데 교수님, 세대 차이라는 것이 정말로 존재하는 건가요?"라고 물었다. 이와 유사한 질문을 여러 차례 받아온 필자로서는 금방 그 뜻을 알아챘었다. 형식은 질문이었지만 내용은 '세대 차이 없다~'는 주장을 할 참이었던 것이었다. 내 강연을 다 듣고 나서 한 질문이다 보니 사실상 내 의견에 반대 의사를 전달해 온 것이다. 나의 대답은 이랬다. "전무님 생각은 어떠세요? 세대 차이가 있다고 생각하세요? 아니면 없다고 생각하세요?" 예상했던 답변이 돌아왔다. "글쎄요~ 잘 모르긴 해도 신기루 같은 게 아닌가 합니다. 몇십 년마다 한 번씩 되풀이되는 현상 같은 거 아닌가 싶어요."

또 다른 강연에서는 Zoomer로 보이는 한 젊은이가 찾아와서 질문을 했다. "교수님 강의에 대부분 공감합니다. 그런데 제가 가진 의문은 '똑같은 Zoomer라고 해도 다 다른데?'라는 거예요. 저나 제 주변의 친구들을 보면 공통점도 있지만 차이점도 되게 커요." 이 질문 또한 익숙하다. 필자는 다시 질문인지 대답인지 모를 답변을 한다. "○○○님은 어떻게 생각하세요? Zoomer라는 공통점이 더 클까요? 아니면 차이점이 더 클까요?" 이번에도 예상했던 것과 유사한 답변이 돌아온다. "제 생각엔 아무래도 차이점이 좀 더 큰 게 아닐까 생각해요. 물론 공통점도 분명히 있긴 하지만요."

기성세대는 '동일성, 유사성'을 보고 싶어 한다. 세대 차이라는 것이 결국 시간이 지나면 사라질 신기루 같은 것이고 본인들이 이미 겪어 봤다는 뜻이다. 베이비부머니 X세대니 M세대니 Zoomer니 하는 용어들이 일시적인 구분이고 마케팅을 위해 탄생한 용어라고 생각한다. 거시적 관점에서 봤을 때 틀린 말이 아니다. 50년, 100년 후에도 이런 용어들이 살아있을 것이라고 장담

할 수 없다.

반면에 Zoomer들은 '차이점, 구별점'을 보고 싶어한다. 같은 연령대의 친구들이라고 해도 각기 다른 특성을 가진 사람들이라고 인식한다. 각자의 개별성과 독자성에 대한 존중을 중요시한다. 베이비부머니, X세대니, M세대니, Zoomer니 하는 용어들에 관해서는 관심조차 없다. 그게 뭐지? 요즘 왜 그걸로 난리 치는 거지? 하고 생각한다. 특정 세대라는 카테고리 안에 갇히길 싫어하고 개별적 존재로 인정받고 싶어 한다. 미시적으로 봤을 때 틀린 말이 아니다. 지금 잠시 소란을 피워도 시간이 지나면 잠잠해질 유행일지도 모른다.

결국, 에고Ego의 문제다. 에고란 '자기 자신' 또는 '자아'의 다른 말이다. 자아는 자기의 생각과 욕망을 형성하고 통제하는 주체이다. 자아는 독자적으로 존재한다기보다 환경과의 상호작용 속에서 만들어진다. 개인의 유전적 특성을 무시할 수도 없지만 어떤 환경에서 살아왔는가를 무시할 수도 없다. 이렇게 형성된 자아는 쉽게 바뀌지 않는다. 자아는 자기 생존을 위해 끊임없이 방어기제를 발현시켜야 하는 상황에 직면한다. 모든 생명은 자기 보존이 가장 중요한 과제이기 때문에 '자아'를 바꾸기보다는 '자아'를 유지하기 위해 투쟁한다.

세대 차이도 그렇다. 공유하는 가치가 비슷한 세대들은 자신들만의 공유가치를 지키려는 경향이 강하다. 좋았던 옛날에 대해서는 기분 좋은 추억을 공유하고 아팠던 옛날에 대해서는 분노와 슬픔의 감정을 공유한다. 비슷한 시대를 살아온 사람들이 동일성과 유사성을 통해 유대감을 형성하는 것은 자연스러운 일이다. 반면에 아직 살아온 세월이 길지 않은 세대들에게는 공동으로 유대감을 형성할 만한 사건들이 많지 않다. 더구나 현재의 삶을 살아내기에도 바쁘기 때문에 그런 사건을 회고할 여유도 없고 그럴 필요도 느끼지 못한다. 그들은 세상을 바라볼 때 개별적인 관점이 중요하다고 생각하고 그런 점에 대해서 유사성을 공유한다. 비록 일시적일지언정 세대 차이는 엄연히 존재하고 그들은 차이를 극복하기보다는 투쟁을 통해 자신들의 것을 지키려고 한다.

문제는 세대 차이 그 자체가 아니다. 각기 다른 '자아'로 무장하고 상대의 존재를 인정하지 않거나 인정한다고 하더라도 존중하지 않는 태도에서 발생한다. 마치 온몸을 가시로 무장한 고슴도치들처럼 '자아'라는 가시로 무장한 채 자신들의 생각과 방식이 옳다고 우기는 형국이다. 이제 서로를 필요로 하고 서로가 서로에게 도움이 될 수 있다는 생각을 배워 나가야 한다. 기성세대는 제도화된 소통과 코칭 필살기를 배워야 하고

Zoomer들은 미래의 리더가 되기 위한 필살기를 배워야 한다. Zoomer들은 협력의 기술, 개방성의 기술, 상사를 관리하는 기술, 자신만의 아우라를 만드는 기술을 배워야 한다.

동시대를 살아가는 우리들 모두도 배워야 한다. '서로 아프지도 않고 춥지도 않은 가장 적절한 거리를 유지하면서 서로를 감쌀 수 있어야' 한다.

회의는
줌으로 하겠습니다

초판 1쇄 발행 2023년 7월 17일

지은이	최경춘
발행인	김정웅
편집	김신희
디자인	김소영

발행처	포스트락
출판등록	제2017-000052호
주소	(08838) 서울특별시 관악구 신림로22길 23
문의 및 투고	post-rock@naver.com
제작	재영P&B

값 17,000원

ISBN 979-11-978344-3-1 (03320)